清涼國師華嚴經疏鈔

청량국사화엄경소초

46

십회향품 ①

청량징관 찬술 · 관허수진 현토역주

온주사

천이백 년 침묵의 역사를 깨고

오늘도 나는 여전히 거제만을 바라본다.

겹겹이 조종하는 산들

산자락 사이 실가닥 저잣길을 지나 낙동강의 시린 눈빛

그 너머 미동도 없는 평온의 물결 저 거제만을 바라본다.

십오 년 전 그날 아침을 그리며 말이다.

나는 2006년 1월 10일 은해사 운부암을 다녀왔다.

그리고 그날 밤 열한 시 대적광전에서 평소에 꿈꾸어 왔던 『청량국사 화엄경소초』 완역의 무장무애를 지심으로 발원하고 번역에 착수하였다.

나의 가냘픈 지혜와 미약한 지견으로 부처님의 비단과도 같은 화장세계에 청량국사의 화려하게 수놓은 소초의 꽃을 피워내는 긴 여정을 시작한 것이다.

화엄은 바다였고 수미산이었다.

그 바다에는 부처님의 용이 살고 있었고

그 산에는 부처님의 코끼리가 노닐고 있었다.

예쁘게 단장한 청량국사 소초의 꽃잎에는 부처님의 생명이 태동하고 있었고,

겁외의 연꽃 밭에는 영원히 지지 않는 일승의 꽃이 향기를 뿜어내고

있었다.

그 바다 그 산 그리고 그 꽃밭에서 10년 7개월(구체적으로는 2006년 1월 10일부터 2016년 8월 1일까지) 동안 자유롭게 노닐었다.

때로는 산 넘고 강 건너 협곡을 지나고

때로는 은하수 별빛 따라 오작교도 다니었다.

삼경 오경의 그 영롱한 밤

숨쉬기조차 미안한 고요의 숭고함

그 시공은 영원한 나의 역경의 놀이터였다.

애시당초 이 작업은 세계 인문학의 자존심

내가 살아 숨쉬는 이 나라 대한민국 그리고 불교의 자존심에 기인한 것이다.

일찍이 그 누가 이 청량국사의 『화엄경소초』를 완역하였다면 나는 이 작업을 하지 않았을 것이다.

지금도 여전히 완역자는 없다.

더욱이 이 『청량국사화엄경소초』의 유일한 안내자 인악스님의 『잡화기』와 연담스님의 『유망기』도 그 누가 번역한 사실이 없다.

그러나 내 손안에 있는 두 분의 『사기』는 모두 다 번역하여 주석으로 정리하였다.

이 청량국사 화엄경의 소는 초를 판독하지 않으면 알 수가 없다.

그래서 그 이름을 구체적으로 대방광불화엄경수소연의초大方廣佛華嚴經隨疏演義鈔라 한 것이다.

즉 대방광불화엄경의 소문을 따라 그 뜻을 강연한 초안의 글이라는 것이다.

청량국사는 『화엄경』의 소문을 4년(혹은 5년) 쓰시되 2년차부터는 소문과 초문을 함께 써서 완성하시고 5년차부터 8년 동안 초문을 쓰셨다.

따라서 그 소문의 양은 초문에 비하면 겨우 삼분의 일에 지나지 않는다 할 것이다.

나는 1976년 해인사 강원에서 처음 『청량국사화엄경소초 현담』 여덟 권을 독파하였고,

1981년부터 3년간 금산사 화엄학림에서 『청량국사화엄경소초』를 독파하였다.

그때 이미 현토와 역주까지 최초 번역의 도면을 완성하였고, 당시에 아쉽게 독파하지 못한 십정품에서 입법계품까지의 소초는 1984년 이후 수선 안거시절 해제 때마다 독파하여 모두 정리하였다.

그러나 번역의 기연이 맞지 않아 미루다가 해인사 강주시절 잠시 번역에 착수하였으나 역시 기연이 맞지 않아 미루었다.

그리고 드디어 2006년 1월 10일 번역에 착수하여 2016년 8월 1일 십만 매 원고로 완역 탈고하고, 2020년 봄날 시공을 초월한 사상 초유 『청량국사화엄경소초』가 1,200년 침묵의 역사를 깨고 이 세상에 처음 눈을 뜨게 된 것이다.

번역의 순서는 먼저 입법계품의 소초, 다음에는 세주묘엄품 소초에
서 이세간품 소초까지, 마지막으로 소초 현담을 번역하였다.
번역의 형식은 직역으로 한 글자도 빠뜨리지 않고 번역하였다.
따라서 어색하게 느껴지는 곳도 있을 것이다.
예를 들면 소所 자를 "바"라 하고, 지之 자를 지시대명사로 "이것,
저것"이라 하고, 이而 자를 "그러나"로 번역한 등이 그렇다.
판본은 징광사로부터 태동한 영각사본을 뿌리로 하였고, 대만에서
나온 본과 인악스님의 『잡화기』와 연담스님의 『유망기』와 또 다른
사기 『잡화부』(잡화부는 검자권부터 광자권까지 8권만 있다)를 대조하
여 번역하였다.

앞에서 이미 말한 것처럼, 그 누가 청량국사의 『화엄경소초』를
완역한 적이 있었다면 나는 이 번역에 착수하지 않았을 것이다.
지금까지 이 황금보옥黃金寶玉의 『청량국사화엄경소초』가 번역되
지 아니한 것은 나에게 주어진 시대적 사명이고 역사적 명령이라
생각한다.
나는 이 『청량국사화엄경소초』의 완역으로 불조의 은혜를 갚고
청량국사와 은사이신 문성노사 그리고 나를 낳아준 부모의 은혜를
일분 갚는다 여길 것이다.

끝으로 이 『청량국사화엄경소초』가 1,200년의 시간을 지나 이 세상
에 눈뜨기까지 나와 인연한 모든 사람들 그리고 영산거사 가족과
김시열 거사님께 원력의 보살이라 찬언讚言하며, 나의 미약한 번역

으로 선지자의 안목을 의심케 할까 염려한다.

마지막 희망이 있다면 이 『청량국사화엄경소초』의 완역 출판으로 청량국사에 대한 더욱 깊고 넓은 연구와 『화엄경』에 대한 더욱 다양한 연구가 이루어지기를 바라는 것뿐이다.

장세토록 구안자의 자비와 질책을 기다리며 고개 들어 다시 저 멀리 거제만을 바라본다.

여전히 변함없는 저 거제만을.

2016년 8월 1일 절필시에 게송을 그리며

長廣大說無一字 장광대설무일자

無碍眞理亦無義 무애진리역무의

能所兩詮雙忘時 능소양전쌍망시

劫外一經常放光 겁외일경상방광

화엄경의 장대한 광장설에는 한 글자도 없고

화엄경의 걸림없는 진리에는 또한 한 뜻도 없다.

능전의 문자와 소전의 뜻을 함께 잊은 때에

시공을 초월한 경전 하나 영원히 광명을 놓누나.

불기 2568년 음력 1월 10일 최초 완역장

승학산 해인정사 관허 수진

● 화엄경소초현담華嚴經疏鈔玄談(1~8)

● 화엄경소초華嚴經疏鈔

1. 세주묘엄품世主妙嚴品

2. 여래현상품如來現相品

3. 보현삼매품普賢三昧品

4. 세계성취품世界成就品

5. 화장세계품華藏世界品

6. 비로자나품毘盧遮那品

7. 여래명호품如來名號品

8. 사성제품四聖諦品

9. 광명각품光明覺品

10. 보살문명품菩薩問明品

11. 정행품淨行品

12. 현수품賢首品

13. 승수미산정품昇須彌山頂品

14. 수미정상게찬품須彌頂上偈讚品

15. 십주품十住品

16. 범행품梵行品

17. 초발심공덕품初發心功德品

18. 명법품明法品

영인본 7책 雨字卷

대방광불화엄경수소연의초 제이십삼권의 이권

大方廣佛華嚴經隨疏演義鈔 第二十三卷之二卷

우진국 삼장사문 실차난타 번역
청량산 대화엄사 사문 징관 찬술
대한민국 조계종 사문 수진 현토역주

십회향품 제이십오의 일권
十迴向品 第二十五之一卷

疏

初來意者는 當會序分已彰하니 正宗宜顯故며 又已總示所依佛
智하니 次別顯能依行位할새 故次來也니라

처음에 이 품이 여기에 온 뜻은 당회의 서분[1]을 이미 밝혔으니,
정종분을 마땅히 나타내는 까닭이며
또 이미 의지할 바 부처님의 지혜를 다 현시하였으니,
다음에 능히 의지할 바 행위行位를 따로 현시하기에 그런 까닭으로
다음에 이 품이 여기에 온 것이다.

疏

二에 釋名者는 迴者轉也요 向者趣也니 轉自萬行하야 趣向三處일
새 故名迴向이라 迴向不同이 有其十種하니라 然十之別名은 本分
當釋이어니와 迴向通稱은 今當重明호리라 隨境所向이 義有衆多

---

1 당회서분當會序分이란, 前二品이다.

어니와 以義通收인댄 不出三處하나니 謂衆生菩提와 及以實際니
上二皆隨相이요 實際卽離相이라

두 번째 이름을 해석한 것은 회回라고 한 것은 회전의 뜻이요
향向이라고 한 것은 취향의 뜻이니,
자기의 만행을 회전하여 삼처에 회향하기에 그런 까닭으로 회향이라
이름하는 것이다.
회향이 같지 않는 것이 열 가지가 있다.
그러나 열 가지 다른 이름은 본분本分에서 마땅히 해석할 것이어니
와 회향의 통칭은 지금에 마땅히 거듭 밝히겠다.
경계를 따라 취향하는 바가 뜻이 수없이 많거니와 뜻으로써 모두
거둔다면 삼처를 벗어나지 않나니,
말하자면 중생과 보리와 그리고 실제이니,
위에 두 가지는 다 모습을 따르는 것이요
실제는 곧 모습을 떠나는 것이다.

疏

開三爲十하리니 一은 迴自向他니 故初迴向云호대 若有善根이라
도 不欲饒益一切衆生인댄 不名迴向이라하니라

---

2 원문에 본분당석本分當釋은 十分中에 第四에 本分中이니 영인본 화엄 7책,
　p.466, 9행이다.

세 가지를 열어 열 가지로 하리니

첫 번째는 자기를 돌이켜 다른 사람에게 향하는 것이니,

그런 까닭으로 처음 회향[3]에 말하기를 만약 선근이 있을지라도 일체 중생을 넉넉히 이익케 하고자 하지 않는다면 회향이라 이름할 수 없다 하였다.

疏

二는 迴少向多니 故下文云호대 善根雖少나 普攝衆生하야 以歡喜心으로 廣大迴向이라하며 又云호대 隨一善根하야 普以衆生으로 而爲所緣하야사 乃名迴向이라하니라

두 번째는 적은 것을 돌이켜 많은 것에 향하는 것이니,

그런 까닭으로 아래 경문[4]에 말하기를 선근이 비록 적지만 널리 중생을 섭수하여 환희심으로써 광대하게 회향한다 하였으며

또 말하기를[5] 한 선근을 따라 널리 중생으로써 인연할 바를 삼아야 이에 회향이라 이름한다 하였다.

疏

三은 迴自因行하야 向他因行이니 故第三迴向云호대 菩薩이 以諸

---

3 처음 회향 운운은 영인본 화엄 7책, p.526, 1행에 설출說出하였다.

4 원문에 下文이란, 영인본 화엄 7책, p.526, 1행이다.

5 원문에 又云이란, 영인본 화엄 7책, p.526, 2행이다.

善根으로 迴向佛已에 復卽以此善根으로 迴向一切菩薩하나니 所
謂願未滿者로 令得願滿케하며 心未淨者로 令得淸淨케라하니라

세 번째는 자기의 인행을 돌이켜 다른 사람의 인행에 향하는 것이니,
그런 까닭으로 제 세 번째 회향에 말하기를 보살이 모든 선근으로써
부처님께 회향한 이후에 다시 곧 이 선근으로써 일체 보살에게
회향하나니,
말하자면 서원이 만족하지 못한 사람으로 하여금 서원이 만족함을
얻게 하며 마음이 청정하지 못한 사람으로 하여금 청정함을 얻게
한다 하였다.

疏

四는 迴因向果니 此復二種이라 一은 向自果니 下文云호대 修諸善
根하야 迴向阿耨菩提라하니 故深密瑜伽와 梁攝論等도 大同此說
하니라 二는 迴向他果니 第三迴向云호대 願以我今에 所種善根으
로 令諸佛樂으로 轉更增勝故라하니라

네 번째는 원인을 돌이켜 결과에 향하는 것이니
여기에 다시 두 가지가 있다.
첫 번째는 자기의 결과에 회향하는 것이니,
아래 경문[6]에 말하기를 모든 선근을 닦아 아뇩다라삼먁삼보리에

---

6 원문에 下文이란, 영인본 화엄 7책, p.498, 5행이다.

회향한다 하였으니,

그런 까닭으로 『밀엄경』과 『유가론』과 『양섭론』 등도 여기에서
설한 것과 크게는 같다.

두 번째는 다른 사람의 결과에 회향하는 것이니,

제 세 번째 회향에 말하기를 원컨대 저가 지금 심은 바 선근으로
모든 부처님의 즐거움으로 하여금 전전히 다시 더욱더 수승하게
하는 까닭이다 하였다.

鈔

故深密等者는 深密第四에 觀自在菩薩이 白佛言호대 何因緣故로
波羅蜜多를 名波羅蜜多닛고 佛告觀自在菩薩하사대 五因緣故니 一
은 無染著이요 二는 無顧戀이요 三은 無罪過이요 四는 無分別이요
五는 正迴向이라하고 乃至云호대 正迴向者는 謂以如是所作所集의
波羅蜜多로 迴求無上大菩提果라하니 是也니라 言瑜伽者는 卽三十
七云호대 云何菩薩의 無倒迴向고 謂諸菩薩이 三門積集하야 所有善
根이니 卽善修事業과 (一)方便善巧와 (二)饒益於他라 (三)去來今
世에 一切攝取하야 以純一味인 淨妙信心으로 迴求無上正等菩提하
고 終不用此所集善根하야 希求世間의 餘果異熟하나니 除無上正等
菩提라하니라 梁攝論은 第十云호대 由般若迴向하야 前五度가 爲得
大菩提故며 施等이 無盡故며 般若가 能引方便이라하며 又釋方便波
羅蜜中云호대 內欲爲利益諸衆生故로 所作善根功德을 皆悉迴向
無上菩提라하니라 言等者는 無性과 世親도 皆同此說이니 無性釋云

호대 若以此善根으로 求無上正等菩提者인댄 爲證無上佛菩提故라
하며 世親釋云호대 所有善根을 皆悉迴向無上菩提하야 作諸有情의
一切義利라하니라 釋曰以文易故로 疏但略指니라

그런 까닭으로 『밀엄경』이라고 한 등은 『밀엄경』 제사권에 관자재보
살이 부처님께 여쭈어 말하기를 무슨 인연인 까닭으로 바라밀다를
바라밀다라고 이름합니까.
부처님이 관자재보살에게 말씀하시기를 다섯 가지 인연이 있는
까닭이니
첫 번째는 염착이 없는 것이요
두 번째는 연민을 돌아보지 않는 것이요
세 번째는 죄의 허물이 없는 것이요
네 번째는 분별이 없는 것이요
다섯 번째는 바로 회향하는 것이다 하시고,
내지 말씀하시기를 바로 회향한다고 한 것은 말하자면 이와 같이
지은 바와 모은 바의 바라밀로써 더 이상 없는 큰 보리과를 구함에
회향한다 하였으니
이것이다.

『유가론』이라고 말한 것은 곧 삼십칠권에 말하기를 어떤 것이 보살
의 거꾸러짐이 없는 회향인가.
말하자면 모든 보살이 삼문三門에 쌓아 모아 소유한 선근이니,
곧 사업을 잘 닦는 것과(첫 번째) 방편의 좋은 기술과(두 번째) 다른

사람을 요익케 하는 것이다(세 번째).

과거와 미래와 지금 세상에 일체를 섭취하여 깨끗한 한 맛인 맑고 묘하게 믿는 마음으로 무상정등보리를 구함에 회향하고, 끝내 이 모은 바 선근을 이용하여 세간에 다른 결과인 이숙과 구하기를 희망하지 않나니,

오직 무상정등보리를 구하는 것은 제외한다 하였다.

『양섭론』이라고 한 것은 제십권에 말하기를 반야에 회향함을 인유하여 앞에 오[7]바라밀이 큰 보리를 얻는 까닭이며,

보시 등이 끝이 없는 까닭이며,

반야가 능히 방편을 이끈다 하였으며

또 방편바라밀을 해석하는 가운데 말하기를 안으로 모든 중생을 이익케 하고자 한 까닭으로 지은 바 선근의 공덕을 다 무상보리에 회향한다 하였다.

등等이라고 말한 것은 무성보살과 세친보살도 다 여기에서 설한 것과 같음을 등취한 것이니

무성이 해석하여 말하기를 만약 이 선근으로써 무상정등보리를 구한다면 무상불보리를 증득하는 까닭이다 하였으며

세친이 해석하여 말하기를 소유한 선근을 다 무상보리에 회향하여 모든 유정의 일체 의리를 짓는다 하였다.

---

7 六 자는 五 자가 좋다. 즉 반야 앞에 五바라밀이다.

해석하여 말하면 문장이 쉬운 까닭으로 소문에서는 다만 간략하게
가리키기만[8] 하였다.

疏

五는 迴劣向勝이니 謂隨喜凡夫와 二乘之福하야 迴向無上菩提
故니라

다섯 번째는 하열한 것을 돌이켜 수승한 것에 향하는 것이니,
말하자면 범부와 이승의 복을 따라 기뻐하여 무상보리에 회향하는
까닭이다.

疏

六은 迴比向證이니 經文非一이라

여섯 번째는 비유를 돌이켜 증득함에 향하는 것이니
경문이 하나가 아니다.

---

8 원문에 약지略指는 소문疏文에서는 다만 심밀深密과 유가瑜伽와 양섭론梁攝論
등도 대동차설大同此說이라고만 지시指示하고 문장을 인용하지는 않았다는
것이다.

鈔

六은 迴比向證者는 以文多故로 疏不別指어니와 若取現證인댄 卽前
第三中에 心未淨者로 令得淸淨이라하니 淸淨은 卽淨心地니 淨心地
는 卽初地라 未淨은 卽比니 是迴他比하야 令他得證이요 亦是自比하
야 令他得證等이라

여섯 번째는 비유를 돌이켜 증득함에 향한다고 한 것은 경문이
많은 까닭으로 소문에서 따로 가리키지 아니하였거니와 만약 현재
증득함을 취한다면 곧 앞[9]의 제 세 번째 가운데 마음이 청정하지
못한 사람으로 하여금 청정함을 얻게 한다 하였으니,
청정하다고 한 것은 곧 정심지니 정심지는 곧 초지이다.
청정하지 못한 사람이라고 한 것은 곧 비유이니,
이것은 다른 사람에게 비유함을 돌이켜 다른 사람으로 하여금 증득
함을 얻게 하는 것이요,
또한 자기에게 비유하여 다른 사람으로 하여금 증득함을 얻게 하는
등이다.

疏

七은 迴事向理니 故不壞迴向云호대 與諸法性으로 相應迴向이며
入無作法하야 成所作迴向이라하며 第六迴向云호대 永離依處하

---

9 앞이란, 영인본 화엄 7책, p.442, 9행이다.

야 到於彼岸일새 故名迴向이며 永絶所作하야 至於彼岸일새 故名
迴向이라하니라

일곱 번째는 사실을 돌이켜 진리에 향하는 것이니
그런 까닭으로 불괴회향에 말하기를 모든 법성으로 더불어 상응하여
회향하는 것이며,
조작이 없는 법에 들어가 조작하는 바 회향을 이룬다 하였으며
제 여섯 번째 회향에 말하기를 영원히 의지할 곳을 떠나 저 피안에
이르기에 그런 까닭으로 회향이라 이름하는 것이며,
영원히 조작하는 바를 끊어 저 피안에 이르기에 그런 까닭으로
회향이라 이름한다 하였다.

疏

八은 迴差別行하야 向圓融行故니 如第九迴向廣說하니라

여덟 번째는 차별행을 돌이켜 원융행에 향하는 까닭이니,
제 아홉 번째 회향에 폭넓게 설한 것과 같다.

鈔

八迴差別等者는 初에 列懺悔等五門善根이 爲差別善根이니 一一
迴向中에 皆願成普賢의 圓融行故니라

여덟 번째는 차별행을 돌이킨다고 한 등은 처음에 참회 등 오문五門의
선근10을 열거한 것이 차별한 선근행이 되는 것이니,
낱낱 회향 가운데 다 보현의 원융행을 이루기를 서원하는 까닭이다.

疏

九는 迴世向出世니 故下文云호대 所有善根이 皆悉隨順出世間
法하야 教化成熟一切眾生이나 心常迴向出世之道라하며 第六迴
向云호대 永出諸蘊하야 到於彼岸일새 故名迴向等이라하니라

아홉 번째는 세간을 돌이켜 출세간에 향하는 것이니,
그런 까닭으로 아래 경문에 말하기를 소유한 선근이 다 출세간의
법을 수순하여 일체중생을 교화하고 성숙케 하지만 마음은 항상
출세간의 도에 회향한다 하였으며
제 여섯 번째 회향에 말하기를 영원히 오온을 벗어나 저 피안에
이르기에 그런 까닭으로 회향이라 이름한다 한 등이다 하였다.

疏

十은 迴順理事行하야 向理所成事故니 廣如第八迴向所說하니라

열 번째는 진리와 사실을 따르는 행을 돌이켜 진리가 이룰 바 사실에

10 오문五門의 선근善根은 一은 참회懺悔, 二는 예경禮敬, 三은 권청勸請, 四는
수회隨喜, 五는 회향回向이니 제오무진공덕장第五無盡功德藏에 설출하였다.

향하는 까닭이니,
폭넓게 설한 것은 제 여덟 번째 회향에 설한 바와 같다.

鈔

十迴順理事行等者는 謂初積集資糧位中에 雙順事理니 卽志求大
乘하야 猛勇無畏等은 卽順事行이요 植般若德本하야 深心不動心하
야 寶成就等은 卽順理行이라 以言向理所成事者는 謂百門眞如로
況所成行이니 卽理所成也니라

열 번째는 진리와 사실을 따르는 행을 돌이킨다고 한 등은 말하자면
처음[11] 자량을 쌓아 모으는 지위(資糧位) 가운데 사실과 진리를 함께
따르는 것이니,
곧 마음에 대승을 구하여 용맹스레 두려움이 없다고 한 등은 곧[12]
사실을 따르는 행이요
반야의 덕본德本을 심어 깊이 마음에 움직이지 아니하여 마음에
보배를 성취한다고 한 등은 곧 이치를 따르는 행이다.
진리가 이룰 바 사실이라고 말한 것은 말하자면 백문百門의[13] 진여로

---

11 처음이란, 보살수행菩薩修行의 차례인 오위五位 가운데 初에 자량위資糧位이니
　자재資財와 식량食量을 쌓아 모은다는 것으로 선근공덕善根功德을 쌓아 모은
　다는 것이다.

12 원문 等 자 아래 즉순卽順이라는 두 글자가 있어야 한다.

13 백문百門 등이라고 한 것은 지상地上에서 증득할 바 십여十如가 낱낱이 각각
　十을 구족한 까닭이다.

이룰 바 행에 비황한 것이니
곧 진리가 이룰 바[14]이다.

疏

前十義中에 初三은 皆迴向衆生이요 次三은 皆迴向菩提요 次二는
迴向實際요 後二는 義通於果와 及與實際라 若依總云十迴向인
댄 卽帶數釋이요 若準梵本晉經에 皆云金剛幢菩薩十迴向品인댄
則人法雙擧니 或人之法이며 法之人이요 人有法이니 通二釋也니라

앞에 열 가지 뜻 가운데 처음에 세 가지는 다 중생에게 회향하는
것이요
다음에 세 가지는 다 보리에 회향하는 것이요
다음에 두 가지는 실제에 회향하는 것이요
뒤에 두 가지는 뜻이 보리과와 그리고 실제에 통하는 것이다.
만약 십회향을 다 말함을 의지한다면 곧 대수석帶數釋이요
만약 범본과 진역경에 다 금강당보살십회향품이라고 말한 것을
기준한다면 곧 사람과 법을 함께 거론한 것이니
혹 사람의 법이며 법의 사람이요 사람이 소유한 법이니,
두 가지 해석에 통하는 것[15]이다.

---

14 원문에 즉리소성卽理所成이라고 한 것은 곧 지상地上의 행行을 가리키는
   것이니, 金字上卷, 23장 上, 8행 이하에 있다. 이상은 『잡화기』의 말이다.
15 원문에 통이석通二釋이라고 한 것은 통이석通二釋을 구체적으로 말하면 인지법

疏

三에 宗趣者는 以無邊行海가 順無盡大願으로 爲宗하고 成就普賢
法界德用으로 爲趣하니라

세 번째 종취는 끝없는 행의 바다가 끝없는 큰 서원을 따르는 것으로
종을 삼고,
보현의 법계공덕의 작용을 성취하는 것으로 취를 삼는 것이다.

人之法은 의주석依主釋이니 능설能說하는 사람이 수승한 까닭이요, 법지인法之
人은 의사석依士釋이니 의주依主 중에서 개출開出한 까닭으로 이 둘을 합하여
一釋으로 한다. 그리고 인유법人有法은 유재석有財釋이니 따라서 二釋에 통한
다는 것이다.

經

爾時에 金剛幢菩薩이 承佛神力하야 入菩薩智光三昧하니라

그때에 금강당보살이 부처님의 위신력을 받아 보살의 지혜광명의
삼매에 들어갔습니다.

疏

四에 釋文者는 文有十分하니 一은 三昧分이요 二는 加分이요 三은
起分이요 四는 本分이요 五는 說分이요 六은 瑞應分이요 七은 結通
分이요 八은 證成分이요 九는 偈讚勸修分이요 十은 校量功德分이
라 初中에 金剛幢入者는 是衆首故며 表歸向高出等義故니 不異
名說이라 承佛神力은 彰入定緣이요 入菩薩智光三昧者는 顯所
入名이니 揀異果定일새 故云菩薩이라하니라 智卽是體니 謂根本
智라 光有三義하니 一은 是證智前相이니 如明得定等이라 此約寄
位니 在賢終故니라 二는 光卽根本智用이니 對治無明故니 如大乘
光明定等이라 三은 光卽後得이니 了所緣故라 二智無礙하야 朗照
法界니 此約剛幢自體釋也니라

네 번째 경문을 해석한 것은 경문에 십분이 있나니
첫 번째는 삼매분[16]이요

16 삼매분三昧分 운운은 『십지경론十地經論』에는 초지소섭初地所攝에 八分이 있

두 번째는 가분加分이요[17]

세 번째는 기분起分이요[18]

네 번째는 본분本分이요[19]

다섯 번째는 설분說分이요[20]

여섯 번째는 서응분瑞應分이요

일곱 번째는 결통분結通分이요

여덟 번째는 증성분證成分이요

아홉 번째는 게찬근수분偈讚勤修分이요

열 번째는 교량공덕분校量功德分이다.

처음 삼매분 가운데 금강당이 삼매에 들어갔다고 한 것은 이것은
대중의 으뜸인 까닭이며,[21]

높이 벗어남에 돌아가 향하는 등의 뜻을 표한 까닭이니[22]

나니 一은 序分이요 二는 三昧分이요 三은 加分이요 四는 起分이요 五는
本分이요 六은 請分이요 七은 說分이요 八은 校量勝分이다.

17 가분加分은 영인본 화엄 7책, p.449, 3행이다.

18 기분起分은 영인본 화엄 7책, p.462, 1행이다.

19 본분本分은 영인본 화엄 7책, p.463, 6행이다.

20 설분說分은 영인본 화엄 7책, p.485, 9행이다.

21 이것은 대중의 으뜸인 까닭이라고 한 것은 동명同名보살을 따로 상대하여
분별한 것이다.

22 높이 벗어남에 돌아가 향하는 등의 뜻을 표한 까닭이라고 한 것은 이명異名보살
을 한꺼번에 상대하여 분별한 것이다. 그러나 높이 벗어남에 돌아가 향한다는
글자가 오히려 통하지만 반드시 견고하고 예리한 등의 뜻을 표하여야 말이

이름을 설명한 것과 다르지 않다 하겠다.

부처님의 위신력을 받았다고 한 것은 삼매에 들어갈 인연을 밝힌
것이요
보살의 지혜광명의 삼매에 들어갔다고 한 것은 들어간 바 삼매의
이름을 나타낸 것이니
불과佛果의 삼매와 다름을 가리기에 그런 까닭으로 말하기를 보살의
삼매라 한 것이다.
지혜라고 한 것은 곧 자체이니 근본지를 말한 것이다.
광명이라고 한 것은 세 가지 뜻이 있나니
첫 번째는 이 광명은 증지證智의 앞모습[23]이니,
명득정明得定[24]과 같은 등이다.
이것은 지위를 의지함을 잡은 것이니 삼현의 끝에 있는 까닭이다.
두 번째는 광명은 곧 근본지의 작용이니,
무명을 상대하여 다스리는 까닭이니 대승의 광명정光明定과 같은
등이다.

이에 친절하다 할 것이다. 역시 『잡화기』의 말이다.

23 원문에 증지전상證智前相은 십지十地 직전 모습이다.

24 명득정明得定은 사정四定의 하나이니 이 명득정明得定을 의지하여 처음 무루지
혜無漏智慧의 前相을 얻는 것이다. 사정四定은 유식종唯識宗에서 가행위加行位
의 사선근四善根을 닦을 때 들어가는 定으로, 명득정明得定, 명증정明增定,
인순정印順定, 무간정無間定이다. (운허, 『불교사전』, p.379 참조.) 따라서 증지전
상證智前相은 곧 가행지加行智라 할 것이다.

세 번째는 광명은 곧 후득지니,

반연하는 바를 요달하는 까닭이다.

두 가지 지혜가 걸림이 없어서 법계를 밝게 비추나니,

이것은 금강당의 자체를 잡아서 해석한 것이다.

經

入是三昧已에 十方各過十萬佛刹微塵數世界外하야 有十萬佛
刹微塵數諸佛하시니 皆同一號로 號金剛幢이라 而現其前하사

삼매에 들어간 이후에 시방에 각각 십만 부처님의 세계에 작은
티끌 수만치 많은 세계 밖을 지나 십만 부처님의 세계에 작은
티끌 수만치 많은 여러 부처님이 계시니
다 동일한 이름으로 금강당이라 이름합니다.
모두 그 금강당보살 앞에 나타나

疏

第二에 入是下는 加分이라 有三하니 一은 總顯能加요 二는 辨加所
爲요 三은 正顯加相이라 今初有二하니 一은 明佛現이요 二는 明讚
善이라 今初有五하니 一은 標所因이니 謂入是三昧已라 故十住中
云호대 以三昧力이라하니라 二에 十方下는 佛來近遠이요 三에 有
十下는 佛數多少니 上二는 顯位過行일새 故云十萬이라하니라 四
에 皆同下는 顯佛名同이요 五에 而現下는 正明佛至니 餘如前說하
니라

제 두 번째 이 삼매에 들어간 이후라고 한 아래는 가분이다.
세 가지 뜻이 있나니
첫 번째는 능히 가피하는 것을 한꺼번에 나타낸 것이요

두 번째는 가피하는 까닭을 분별한 것이요

세 번째는 가피하는 모습을 나타낸 것이다.

지금은 처음으로 두 가지가 있나니

첫 번째는 부처님이 출현함을 밝힌 것이요

두 번째는 착하다고 찬탄함을 밝힌 것이다.

지금은 처음으로 다섯 가지가 있나니

첫 번째는 원인하는 바를 표한 것이니,

말하자면 삼매에 들어간 이후이다.

그런 까닭으로 십주 가운데 말하기를 삼매의 힘이다 하였다.

두 번째 시방이라고 한 아래는 부처님께서 오신 곳이 가깝고 먼

것이요

세 번째 십만 부처님의 세계에 작은 티끌 수만치 많은 여러 부처님이

계신다고 한 아래는 부처님의 수가 많고 적은 것이니,

위에 두 가지는 지위가 십행을 지나는 것을 나타내기에 그런 까닭으

로 말하기를 십만이다 하였다.

네 번째 다 동일한 이름이라고 한 아래는 부처님의 이름이 같음을

나타낸 것이요

다섯 번째 그 금강당보살 앞에 나타난다고 한 아래는 바로 부처님께

서 이르심을 밝힌 것이니,

나머지는 앞의 십행품에서 설한 것과 같다.

經

咸稱讚言하사대 善哉善哉라 善男子야 乃能入此菩薩의 智光三昧로다 善男子야 此是十方에 各十萬佛刹微塵數諸佛神力으로 共加於汝하며 亦是毘盧遮那如來往昔願力과 威神之力이며 及由汝智慧淸淨故며 諸菩薩善根增勝故로 令汝入是三昧하야 而演說法케하나니

다 함께 칭찬하여 말씀하시기를 착하고도 착합니다. 선남자여, 이에 능히 이 보살의 지혜광명의 삼매에 들어갔습니다.
선남자여, 이것은 시방에 각각 십만 부처님의 세계에 작은 티끌 수만치 많은 여러 부처님이 위신력으로 함께 그대에게 가피하시며
또한 이 비로자나 여래의 지나간 옛날에 서원한 힘과 위신의 힘이며
그리고 그대의 지혜가 청정한 까닭이며
모든 보살의 선근이 더욱 수승함을 인유한 까닭으로 그대로 하여금 이 삼매에 들어가 법을 연설케 하시나니

疏

二에 咸稱讚下는 明佛讚善이라 於中初는 標稱善이요 次는 別歎得定이요 後는 顯得定所因이라 先은 別顯五因이니 一은 伴佛神力이

요 二는 主佛宿願이요 三은 主佛現威요 四는 說者智淨이요 五는
聽者善根이라 十住엔 無聽者善根하고 十行엔 缺說者自力거니와
此則具二니라 理應遍具나 而影略者는 表住初自悟요 行則捨己
利他어니와 今則悲兼自他하야 俱無障礙故也라 所以要此五力者
는 因果主伴이 皆具足故니 謂法因久遠하야 願遂將化일새 故主伴
加威하고 非器不傳일새 明因主自力하고 非感不應일새 顯因伴善
根이니 餘之差當은 如第三會하니라 後에 令汝下는 結前生後라

두 번째 다 함께 칭찬한다고 한 아래는 부처님이 착하다고 찬탄함을
밝힌 것이다.
그 가운데 처음에는 착하다고 칭찬함을 한꺼번에 표한 것이요
다음에는 삼매를 얻은 것을 따로 찬탄한 것이요
뒤에는 삼매를 얻음에 원인하는 바를 나타낸 것이다.

먼저는 다섯 가지 원인을 따로 나타낸 것이니
첫 번째는 반불伴佛의 위신력이요
두 번째는 주불主佛의 숙세 서원이요
세 번째는 주불이 위의를 나타내는 것이요
네 번째는 설하는 사람의 지혜가 청정한 것이요
다섯 번째는 듣는 사람의 선근이다.
십주에는 듣는 사람의 선근이 없고 십행에는 설하는 사람의 자력이
없거니와, 여기 십회향에는 곧 둘을 다 갖추었다.
이치로 보면 십주와 십행에도 응당 두루 갖추어야 할 것이지만

그윽이 생략한 것은 십주 초는 스스로 깨닫는 것이요 십행은 곧
자기를 버리고 다른 사람을 이롭게 하는 것이어니와, 지금 십회향은
곧 자비가 자기도 다른 사람도 겸하여 함께 장애가 없음을 표한
까닭이다.

이 다섯 가지 힘을 필요로 하는 까닭은 인과의 주主·반伴이 다 구족한
까닭이니,
말하자면 법의 인연이 오래되어 서원이 이루어짐에 장차 교화하려
하기에 그런 까닭으로 주불과 반불이 위신력으로 가피하고
법기가 아니면 전하지 않기에 인주因主[25]의 자력을 밝히고
감동케 아니하면 응하지 않기에 인반因伴[26]의 선근을 나타낸 것이니,
나머지 틀리기도 하고 맞기도 한[27] 것은 제삼회와 같다.

뒤에 그대로 하여금이라고 한 아래는 앞에 말을 맺고 뒤에 말을
생기하는 것이다.

鈔

因果主伴者는 因主는 卽金剛幢力이요 因伴은 卽聽者善根이요 果主

---

25 인주因主는 설자說者인 금강당보살金剛幢菩薩이다.
26 인반因伴은 청자聽者이다.
27 원문에 여지차당餘之差當이라고 한 것은 사가행四加行을 닦을 때 들어가는
   선정禪定의 인연因緣이니, 고석古釋은 틀리고 금석今釋은 맞다는 뜻이다.

는 卽遮那二力이요 果件은 卽十方佛加라 謂法因下는 出五因之由라
法因久遠하야 願遂將化는 是遮那本願이라 主件加威는 卽威神力이
니 爲主加威요 十方佛加는 爲件加威라

인과의 주반이라고 한 것은 인주는 곧 금강당[28]의 힘이요
인반은 곧 듣는 사람의 선근이요
과주는 곧 비로자나의 두 가지 힘[29]이요
과반은 곧 시방에 부처님이 가피하는 것이다.
말하자면 법의 인연이라고 한 아래는 다섯 가지 원인의 이유를
설출한 것이다.
법의 인연이 오래되어 서원이 이루어짐에 장차 교화하려 한다고
한 것은 이것은 비로자나의 본래 서원이다.
주불과 반불이 위신력으로 가피한다고 한 것은 곧[30] 위신력이니
주불이 위신력으로 가피한 것이요
시방에 부처님이 가피한 것은 반불이 위신력으로 가피한 것이다.

---

28 금강당金剛幢은 설자說者이다.
29 원문에 二力은 자나遮那의 본원력本願力과 위신력威神力이다.
30 원문 卽 자 아래 及 자는 연자衍字이다.

經

爲令諸菩薩로 得淸淨無畏故며 具無礙辯才故며 入無礙智地
故며 住一切智大心故며 成就無盡善根故며 滿足無礙白法故며
入於普門法界故며 現一切佛神力故며 前際念智不斷故며 得
一切佛의 護持諸根故며

모든 보살로 하여금 청정하여 두려움이 없게 하기 위한 까닭이며
걸림이 없는 변재를 갖추게 하기 위한 까닭이며
걸림이 없는 지혜의 지위에 들어가게 하기 위한 까닭이며
일체 지혜의 큰마음에 머물게 하기 위한 까닭이며
끝없는 선근을 성취하게 하기 위한 까닭이며
걸림이 없는 맑은 법을 만족하게 하기 위한 까닭이며
넓은 문門의 법계에 들어가게 하기 위한 까닭이며
일체 부처님의 위신력을 나타내게 하기 위한 까닭이며
전제에 생각과 지혜가 끊어지지 않게 하기 위한 까닭이며
일체 부처님이 호지하는 모든 선근[31]을 얻게 하기 위한 까닭이며

疏

第二에 爲令下는 辨加所爲라 有二十二句를 分二리니 前二十一은
別明所爲요 後一은 結爲所屬이라 前中初十은 標所成이요 後十一

---

31 원문에 제근諸根은 신信, 정진精進, 염念, 정정定, 혜혜의 오근五根이다.

은 明所作이니 亦猶十地前十은 自利요 後十은 利他니라

제 두 번째 모든 보살로 하여금이라고 한 아래는 가피하는 까닭을
분별한 것이다.
스물두 구절이 있는 것을 두 가지로 나누리니
앞에 스물한 구절은 가피하는 까닭을 따로 밝힌 것이요
뒤에 한 구절은 가피하는 소속을 맺는 것이다.
앞의 가피하는 까닭 가운데 처음에 열 구절은 이루게 하는 바를
표한 것이요
뒤에 열한 구절은 짓게 하는 바를 밝힌 것이니
또한 십지에[32] 앞에 열 가지는 자리요
뒤에 열 가지는 이타라고 한 것과 같다.

鈔

亦猶十地者는 自利는 卽同所成이요 利他는 卽同所作이라

또한 십지와 같다고 한 것은 자리는 곧 이루게 하는 바와 같고
이타는 곧 짓게 하는 바와 같다.

---

32 원문에 역유십지亦猶十地 운운은 『십지경十地經』 第一卷 환희지론歡喜地論
　　가운데 如是初十句는 依自利行이요 後十句는 依利他行이라 하였다.

疏

前中初九는 內德이요 後一은 外加니 謂得佛護持의 信等根故니라
前中前八은 橫具諸德이요 後一은 豎繼不斷이니 從前所成으로 明
記決斷故니라 前中前七은 法體요 後一은 大用이라 佛神力言은
非神境通이니 離世間品에 神力神通이 義有異故니 通謂無擁이요
力謂幹能이며 通多就外요 力多約內라하니라 就前七中하야 前六
別明이요 後一總說이니 謂一門之中에 具於多門하고 總攝福智하
야 重重無盡을 名普門法界故니라 就前六中하야 前五所具요 後一
離過니 謂所具福智가 不與二礙의 有漏相應故니라 前五中에 前
四智慧요 後一福德이라 就智慧中하야 前三自分이요 後一勝進이
니 住佛智故니라 就自分中하야 前二說敎요 後一入證이니 謂入緣
起法界의 相卽自在智故니라 前中無畏는 則於緣無懼요 辯才는
常說不斷이라 上來는 從後襭疊하야 已釋所成하니라

앞의 열 구절 가운데 처음에 아홉 구절은 안으로 공덕을 이루게
하는 것이요
뒤에 한 구절은 밖으로 가피를 얻게 하는 것이니,
말하자면 부처님이 호지하는 신근信根 등[33] 모든 선근을 얻게 하는
까닭이다.

---

33 원문에 신등근信等根이라고 한 것은 즉 오근五根이다.

앞의 아홉 구절 가운데 앞에 여덟 구절은 횡으로 모든 공덕을 갖추게
하는 것이요
뒤에 한 구절은 수豎로 이어서 끊어지지 않게 하는 것이니,
앞에 이룬 바로 좇아 분명히 기억하고 결단하는 까닭이다.
앞에 여덟 구절 가운데 앞에 일곱 구절은 법의 자체요
뒤에 한 구절은 큰 작용이다.
부처님의 위신력이라고 말한 것은 신통 경계의 신통이 아니니
이세간품에 위신력과 신통이 뜻이 다름이 있는 까닭이니
신통은 막힘이 없음을 말하는 것이요
위신력은 주간하는 능력을 말하는 것이며
신통은 다분히 밖의 모습에 나아가 말한 것이요
위신력은 다분히 안의 모습을 잡아 말한 것이다 하였다.

앞의 일곱 구절 가운데 나아가 앞에 여섯 구절은 따로 밝힌 것이요
뒤에 한 구절은 한꺼번에 설한 것이니,
말하자면 일문一門 가운데 수많은 문門을 갖추고 복덕과 지혜를
모두 다 섭수하여 중중으로 끝이 없는 것을 넓은 문의 법계(普門法界)
라고 이름하는 까닭이다.
앞의 여섯 구절 가운데 나아가 앞에 다섯 구절은 갖추어야 할 바요
뒤에 한 구절은 허물을 떠나는 것이니,
말하자면 갖추어야 할 바 복덕과 지혜가 두 가지 걸림의 유루로
더불어 상응하지 않는 까닭이다.
앞의 다섯 구절 가운데 앞에 네 구절은 지혜요

뒤에 한 구절은 복덕이다.
지혜 가운데 나아가 앞에 세 구절은 자분이요
뒤에 한 구절은 승진이니,
부처님의 지혜에 머무는 까닭이다.
자분 가운데 나아가 앞에 두 구절은 교법敎法을 설한 것이요
뒤에 한 구절은 증지證智에 들어가는 것이니,
말하자면 연기법계緣起法界의 서로 즉하여 자재한 지혜에 들어가
는 까닭이다.
앞의 교법을 설하는 가운데 두려움이 없다고 한 것은 곧 반연함에
두려움이 없는 것이요
변재라고 한 것은 항상 설하여 끊어지지 않는 것이다.
상래에는 뒤로 좇아 접첩褶疊하여 이미 이루게 할 바를 해석하였다.

經

以無量門으로 廣說衆法故며 聞悉解了하야 受持不忘故며 攝諸
菩薩의 一切善根故며 成辦出世助道故며 不斷一切智智故며 開
發大願故며 解釋實義故며 了知法界故며 令諸菩薩로 皆悉歡喜
故며 修一切佛의 平等善根故며 護持一切如來種性故니

한량없는 문門으로써 수많은 법을 폭넓게 설하게 하기 위한 까닭
이며
듣고 다 알아 받아 가져 잊지 않게 하기 위한 까닭이며
모든 보살의 일체 선근을 섭수하게 하기 위한 까닭이며
출세간의 도를 돕는 법을 이루어 갖추게 하기 위한 까닭이며
일체 지혜와 지혜가 끊어지지 않게 하기 위한 까닭이며
큰 서원을 개발하게 하기 위한 까닭이며
진실한 뜻을 해석하게 하기 위한 까닭이며
법계를 요달하여 알게 하기 위한 까닭이며
모든 보살로 하여금 다 환희하게 하기 위한 까닭이며
일체 부처님의 평등한 선근을 닦게 하기 위한 까닭이며
일체 여래의 종성을 호지하게 하기 위한 까닭이니

疏

二에 以無量下는 明其所作이라 於中에 初一總이니 謂廣說故요
後十別이라 於中에 初一約法이요 次三約位니 一은 攝地前이요

二는 安地上이요 三은 照佛果라 次三約修니 一은 令開發十向大
願이요 二는 令解實際요 三은 令知迴向廣大하야 與法界等이라
後三約人이니 一은 稱根令喜요 二는 喜故로 學三世佛迴向이요
三은 救護一切衆生故로 不斷佛種이라

두 번째 한량없는 문이라고 한 아래는 그 보살로 하여금 짓게 하는
바를 밝힌 것이다.
그 가운데 처음에 한 구절은 총구이니,
폭넓게 설하게 하기 위한 까닭이라고 말한 것이요
뒤에 열 구절은 별구이다.
그 가운데 처음에 한 구절은 법을 잡은 것이요
다음에 세 구절은 지위를 잡은 것이니
첫 번째 구절은 십지 이전을 섭수하는 것이요
두 번째 구절은 십지 이상에 두는 것이요
세 번째 구절은 불과佛果의 지위를 비추는 것이다.

다음에 세 구절은 수행을 잡은 것이니
첫 번째 구절은 하여금 십회향의 큰 서원을 개발하게 하는 것이요
두 번째 구절은 하여금 실제를 알게 하는 것이요
세 번째 구절은 하여금 회향이 광대하여 법계로 더불어 같음을
알게 하는 것이다.

뒤에 세 구절은 사람을 잡은 것이니

첫 번째 구절은 보살의 근성[34]에 칭합하여 하여금 환희하게 하는
것이요

두 번째 구절은 환희하는 까닭으로 삼세에 부처님의 회향을 수학하
게 하는 것이요

세 번째 구절은 일체중생을 구호하는 까닭으로 부처님의 종성이
끊어지지 않게 하는 것이다.

---

34 원문에 근根이란, 보살菩薩의 근성根性이니, 경문經文에 영제보살令諸菩薩로
   개실환희고皆悉歡喜故라 한 것이다.

經

所謂演說諸菩薩十迴向이니라

말하자면 모든 보살의 열 가지 회향을 연설하기 위한 것입니다.

疏

後一은 總結所屬者니 謂若說十向인댄 前益皆成일새 故加所爲가
卽說所爲라 六相融攝하야 如理應思니라 然約行布인댄 地約說地
요 此爲迴向이라 故與下不同거니 況彼義皆次第요 今則反此리요

뒤에 한 구절은 가피하는 소속을 모두 맺는 것이니,
말하자면 만약 십회향을 연설한다면 앞에 이익이 다 이루어지기에
그런 까닭으로 가피하는 까닭이 곧 연설하기 위한 까닭[35]이다.
육상으로 융합하고 섭수하여 이치와 같이 응당 생각할 것이다.
그러나 행표문을 잡는다면[36] 십지는 십지 설함을 잡은 것이요
여기 십회향은 십회향 설함을 잡은[37] 것이다.
그런 까닭으로 아래 십지로 더불어 같지 않거니 하물며 저 십지의
뜻은 다 차례[38]이고 지금에 십회향은 곧[39] 이것과 반대됨[40]이겠는가.

---

35 원문 가소위加所爲는 前二十句요, 설소위說所爲는 後一句이다.

36 원문에 연약행포然約行布라고 한 것은 행포문行布門이고, 이전은 원융문圓融門
   이다.

37 爲 자는 鈔文엔 約 자이다.

鈔

然約行布下는 結釋이니 明非全取十地中義하야 以釋今文이라 故疏
上云호대 亦猶十地라하니 猶者如也라 但云如二利라하고 其中句義
는 則全不同하니라 言地約說地요 此約迴向者는 彼云호대 如實說菩
薩의 十地差別相故라하고 此云호대 所謂說菩薩十迴向이라하니 居
然自別이라 言況彼義者는 彼中次第로 顯於地前地上等이니 謂彼云
호대 緣念一切佛法故며 修習分別無漏法故라하니 此卽地前이요 次
經云호대 善選擇觀察大智光明으로 巧莊嚴故라하니 卽是見道요 次
經云호대 善入無量智門故下에 六句는 辨修道니 此句는 寄從二地로
至七地요 次下五句는 寄入八地하야 至佛地니 則自淺至深하야 地前
地上에 見修究竟의 次第不亂故니라 今則反此者는 明不依彼次니라
如今經文은 無彼地前地上에 見修等次하야 文之與義가 俱不全同일
새 故但可云호대 如彼언정 不可依彼의 次第釋也니라 上之十句에 所
成亦然하니 但可類耳니라

그러나 행포문을 잡는다면이라고 한 아래는 맺어서 해석한 것이니,
십지 가운데 뜻을 온전히 취하여 지금에 경문을 해석한 것이 아님을
밝힌 것이다.
그런 까닭으로 위의 소문에[41] 말하기를 또한 십지와 같다 하였으니,

---

38 次第는 行布이다.
39 원문에 復는 則 자가 좋다. 초문에는 則 자이다.
40 원문에 반차反此는 즉 원융圓融이니 여기는 次第이다.

유猶라는 것은 여如 자의 뜻이다.
다만 저 십지 가운데 자리와 이타만 같다고 말한 것뿐이고 그 가운데 구절의 뜻은 곧 온전히 같지는 않는 것이다.

십지는 십지 설함을 잡은 것이요 여기 십회향은 십회향 설함을 잡은 것이라고 한 것은 저 십지에는 말하기를 여실하게[42] 보살의 십지 차별의 모습을 설하는 까닭이다 하였고, 여기 십회향에는 말하기를 말하자면 보살의 열 가지 회향을 연설하기 위한 것이다 하였으니,
거연居然히 스스로 다른 것이다.

하물며 저 십지의 뜻이라고 한 것은 저 십지 가운데는 차례로 십지 이전과 십지 이상 등[43]을 나타낸 것이니,
말하자면 저 십지에 말하기를 일체 불법을 반연하여[44] 생각하는 까닭이며 무루법을 닦아 익혀 분별하는 까닭이다 하였으니,

---

41 원문에 소상疏上 운운은 영인본 화엄 7책, p.452, 3행에 亦猶十地에 前十은 自利요 後十은 利他라 하였다.
42 원문에 여실如實 운운은 『십지경十地經』第一卷에 如實說菩薩의 十地差別方便故라 한 것이니 여기에 모습(相)이라 한 것을 『십지경』제일권에는 방편이라 하였다.
43 등이란, 불과위佛果位를 등취等取함이다.
44 원문에 연념일체緣念一切 운운은 『십지경十地經』第一卷에 念隨順一切佛法故며 觀達分別無漏法故라 하니 즉 일체불법을 생각하여 수순하는 까닭이며 무루법을 관찰하고 통달하여 분별하는 까닭이라는 것이다.

이것은 곧 십지 이전이요

다음 경⁴⁵에 말하기를 큰 지혜광명으로 교묘하게 장엄한 것을 잘
선택하여 관찰하는 까닭이다 하였으니,

곧 이것은 견도見道요

다음 경⁴⁶에 말하기를 한량없는 지혜의 문에 잘 들어가는 까닭이다⁴⁷
한 아래에 여섯 구절⁴⁸은⁴⁹ 수도를 분별한 것이니

이 구절은 제 이지로 좇아 제 칠지에 이름을 의지한 것이요

---

45 원문에 차경次經이란, 『십지경十地經』의 觀達分別無漏法故라 한 바로 다음
구절이니, 즉 善擇大智慧光明方便故라 한 것을 말한다.

46 원문에 차경次經이란, 역시 『십지경』第一卷의 二十句 가운데 말이니 次經이란
말은 맞지 않다. 왜냐하면 善入無量等은 二十句 가운데 第一句부터 第六句까
지를 말하기에 第十五句인 善擇大智慧光明方便故 다음이 아니다.

47 원문에 선입무량지문고善入無量智門故는 『십지경』에 영입지혜지고令入智慧地
故라 하였다. 따라서 『잡화기』에 無量은 下經에 決定이라 했다는 말은 생각해
볼 것이다.

48 원문에 六句란, 令入智慧地故며 攝一切善根故며 善分別選擇一切佛法故며
廣知諸法故며 善決定說諸法故며 無分別智淸淨不雜故라. 즉 하여금 지혜의
지위에 들어가게 하는 까닭이며, 일체 선근을 섭수하는 까닭이며, 일체불법을
잘 분별하여 선택하는 까닭이며, 모든 불법을 널리 아는 까닭이며, 모든
법을 잘 결정하여 설하는 까닭이며, 무분별 지혜가 청정하여 섞이지 않는
까닭이다.

49 여섯 구절이라고 한 것은 나머지 경문이 비록 일곱 구절이 있지만 그 수를
증수 십十으로써 한 까닭으로 다만 여섯 구절이라고만 말한 것이다. 일곱
구절 가운데 제 두 번째와 제 세 번째 구절이 다 같이 사법邪法을 깨뜨리는
까닭으로 합한 것이니, 수자권水字卷 1장 이하를 볼 것이다. 바로 아래 칠지七地
라는 말 아래 경자竟字가 있어야 한다. 이상은 다 『잡화기』의 말이다.

그 다음 아래에 다섯 구절[50]은 제 팔지에 들어가 불지에 이름을
의지한 것이니
곧 얕은 곳으로부터 깊은 곳에 이르러 십지 이전과 십지 이상에
견도와 수도와 구경의 차례가 어지럽지 않는 까닭이다.

지금에 십회향은 곧 이것과 반대됨이겠는가 한 것은 저 십지의
차례를 의지하지 아니함을 밝힌 것이다.
지금에 경문은 저 십지의 십지 이전과 십지 이상에 견도와 수도
등의 차례가 없어서 경문과 더불어 뜻이 함께 온전히 같지 않기에,
그런 까닭으로 다만 가히 말하기를 저 십지와 같다[51]고 하였을지언정
가히 저 십지의 차례를 의지하여 해석한 것은 아니다.
위의 열 구절에 이루게 할 바[52]도 또한 그러하나니,
다만 가히 비류比類하여 예시例示하였을 뿐이다.

---

50 원문에 次下五句는 즉 第七句부터 第十一句까지이다. 즉 一切魔法不能染故
며 出世間法善根淸淨故며 得不可思議智境界故며 乃至得一切智人智境界故
며 又得菩薩十地始終故라. 즉 일체 마군의 법이 능히 물들게 못하는 까닭이며,
출세간법의 선근이 청정한 까닭이며, 불가사의한 지혜의 경계를 얻은 까닭이
며, 내지 일체 지혜의 사람과 지혜의 경계를 얻은 까닭이며, 또 보살의 십지에
시작과 끝을 얻은 까닭이다.

51 원문에 단가운여피但可云如彼는 영인본 화엄 7책, p.455, 3행에 단운여피이리
但云如彼二利라 하고 기중구의其中句義는 즉전부동則全不同이라 하였다.

52 원문에 십구소성十句所成은 영인본 화엄 7책, p.452, 2행에 初十은 標所成이요
後十一은 明所作이니 亦猶十地에 前十은 自利요 後十은 利他라 하였다.

經

佛子야 汝當承佛威神之力하야 而演此法이니 得佛護念故며 安
住佛家故며 增益出世功德故며 得陀羅尼光明故며 入無障礙
佛法故며 大光普照法界故며 集無過失淨法故며 住廣大智境
界故며 得無障礙法光故니라

불자여, 그대가 마땅히 부처님의 위신력을 받아 이 법을 연설해야
할 것이니
부처님께서 호념해 주심을 얻은 까닭이며
부처님의 집에 편안히 머문 까닭이며
출세간의 공덕을 더한 까닭이며
다라니의 광명을 얻은 까닭이며
걸림이 없는 불법에 들어간 까닭이며
큰 광명으로 널리 법계를 비추는 까닭이며
허물이 없는 청정한 법을 모은 까닭이며
광대한 지혜의 경계에 머문 까닭이며
걸림이 없는 진리의 광명을 얻은 까닭입니다.

疏

第三에 佛子下는 正顯加相이라 於中三이니 初는 語業勸說하야
以增辯이요 二는 意業冥加하야 以益智요 三은 身業摩頂하야 以增
威라 今初口加니 承語便故라 文有十句하니 初總餘別이라 總云호

대 說此法者는 有二種力하니 一者는 他力이니 如經의 得佛護念故
라 此亦名果力이며 亦名增上緣力이라 二者는 自力이니 卽下八句
라 亦名因位力이며 亦是因緣力이니 是故此法은 要自他因果의
親疎融合하야사 方得有說이라 自力八中에 初三은 明有作淨法力
이니 一은 總이니 謂旣住佛家인댄 理宜宣法하야 以行家業이라 下
二는 別이니 一은 長無漏功德이요 二는 入總持智慧니 故在佛家니
라 次二句는 無作淨法力이니 一은 離所淨障이니 謂無二障礙요
二는 得所淨智니 謂事理普照라 後三은 顯身淨力이니 卽三種盡이
라 一은 二乘不同盡이니 謂雙集悲智하야 離於捨悲入寂의 過失故
요 二는 菩薩盡이니 謂離心意識하야 唯依大智인 法身境故요 三者
는 佛盡이니 無障礙智가 是佛法故니라

제 세 번째 불자라고 한 아래는 바로 가피의 모습을 나타낸 것이다.
그 가운데 세 가지가 있나니
첫 번째는 어업語業으로 설하기를 권하여 변재를 더하는 것이요
두 번째는 의업意業으로 그윽이 가피하여 지혜를 더하는 것이요
세 번째는 신업身業으로 머리를 만져 위의를 더하는 것이다.

지금은 처음으로 입으로 가피한 것이니,
말의 편리함을 받은 까닭이다.
경문에 열 구절이 있나니
처음 구절은 총구요
나머지 아홉 구절은 별구이다.

총구에 말하기를 이 법을 연설해야 한다고 한 것은 두 가지 힘이
있나니

첫 번째는 타력이니,

경에 부처님께서 호념해 주심을 얻은 까닭이라고 한 것과 같다.
이것은 또한 이름이 과력果力이며 또한 이름이 증상연력增上緣力
이다.

두 번째는 자력이니,

곧 아래에 여덟 구절[53]이다.

또한 이름이 인위력因位力이며 또한 인연력因緣力이니,

이런 까닭으로 이 법은 반드시 자타인과의 친소親疏가 융합하여야
바야흐로 설할 수 있음을 얻게 되는 것이다.

자력의 여덟 구절 가운데 처음에 세 구절은 지음이 있는 정법력[54]을

---

53 원문에 하팔구下八句는 경문에 안주불가고安住佛家故 이하 八句이다.
54 원문에 유작정법력有作淨法力이라고 한 것은 十地論 第一卷에 自力辯才者는
　　有四種하니 一者는 有作善法淨辯才니 如經自善根淸淨故며 二者는 無作法
　　淨辯才니 如經法界淨故며 三者는 敎化衆生淨辯才니 如經饒益衆生界故며
　　四者는 身淨辯才라 是身淨中에 顯三種盡하니 一者는 菩薩盡이니 有二種利
　　益이요(現報利益과 後報利益) 二者는 聲聞辟支佛不同盡이요 三者는 佛盡이라
　　하니라. 『십지론』제일권에 자력변재라고 한 것은 네 가지가 있나니 첫
　　번째는 지음이 있는 선법의 청정한 변재이니 『십지경』에 스스로 선근이
　　청정한 까닭이다 한 것과 같으며, 두 번째는 지음이 없는 선법의 청정한
　　변재이니 『십지경』에 법계가 청정한 까닭이다 한 것과 같으며, 세 번째는
　　중생을 교화하는 청정한 변재이니 『십지경』에 중생계를 요익케 하는 까닭이

밝힌 것이니

첫 번째 구절은 총구이니,

말하자면 이미 부처님의 집에 머물렀다면 이치가 마땅히 법을 선설하여 가업을 행해야 한다는 것이다.

아래 두 구절은 별구이니,

첫 번째 구절은 무루의 공덕을 장양하는 것이요

두 번째 구절은 다라니의 지혜에 들어가는 것이니,

그런 까닭으로 부처님의 집에 있는 것이다.

다음에 두 구절은 지음이 없는 정법력이니

첫 번째 구절은 소정所淨의 장애를 떠나는 것이니,

말하자면 두 가지 장애가 없는 것이요

두 번째 구절은 소정所淨의 지혜를 얻는 것이니,

말하자면 사리법계를 널리 비추는 것이다.

뒤에 세 구절은 신정력身淨力을 나타내는 것이니,

곧 세 가지를 다하는 것이다.

첫 번째 구절은 이승의 같지 아니함을 다하는 것[55]이니,

다 한 것과 같으며, 네 번째는 몸이 청정한 변재이다. 이 몸이 청정한 변재 가운데 세 가지 다함을 나타내었으니 첫 번째는 보살을 다하는 것이니 두 가지 이익(현보의 이익과 후보의 이익)이 있는 것이요, 두 번째는 성문과 벽지불이 같지 아니함을 다하는 것이요, 세 번째는 부처님을 다하는 것이다 하였다. 여기 소문에는 이승이 먼저이고 보살이 두 번째이니 『십지론』과 순서가 바뀌었다.

말하자면 자비와 지혜를 함께 모아 자비를 버리고 적멸에 들어가는 허물을 떠나는 까닭이요

두 번째 구절은 보살을 다하는 것이니,

말하자면 심·의·식[56]을 떠나 오직 큰 지혜인 법신의 경계만을 의지하는 까닭이요

세 번째 구절은 부처님을 다하는 것이니,

걸림이 없는 지혜가 이 부처님의 법인 까닭이다.

鈔

初三은 明有作淨法力者는 此亦取論勢나 而句多少하야 所用不同하나니 彼十一句中에 初總餘別이라 別中에 初句他力이요 下九自力이

---

55 원문에 이승부동진二乘不同盡이라고 한 것은 『십지경十地經』에 보살진菩薩盡, 이승부동진二乘不同盡, 불진佛盡으로 순서가 되어 있다. 菩薩盡者는 法身은 離心意識하야 唯智依止니 如經法身智身故요 二에 二乘不同盡者는 度五道 復涅槃道淨故니 如經過一切世間道故며 出世間道淸淨故요 佛盡者는 入一切 智智滿足故니 如經得一切智人智滿足故라하니라. 즉 보살을 다한다고 한 것은 법신은 심의식을 떠나 오직 지혜만 의지하는 것이니 『십지경』에 법신과 지신인 까닭이다 한 것과 같은 것이요 두 번째 이승의 같지 아니함을 다한다고 한 것은 오도五道를 지나 다시 열반의 도가 청정한 까닭이니 『십지경』에 일체세간의 도를 지난 까닭이며 출세간의 도가 청정한 까닭이다 한 것과 같은 것이요 부처님을 다한다고 한 것은 일체 지혜와 지혜가 만족함에 들어간 까닭이니 『십지경』에 일체 지혜인人의 지혜가 만족함을 얻은 까닭이다고 한 것과 같다 하였다.

56 心·意·識은 『불교사전』을 참고하라.

라 自力之中에 初一은 有作善法淨이니 經云淨自等이요 次一은 無作
法淨이니 經云普淨等이요 次一은 敎化衆生淨이니 經云普攝衆生故
라하니라 餘有六句는 皆名身淨이니 攝爲三種盡等이라 今則有作有
三句하고 無作有二하고 身淨有三하니라 又闕敎化衆生者는 以依次
無故니 攝在初有作淨中하니라 而言四淨者는 以因中에 有四義故니
一은 有力能作이요 二는 無力不作이요 三은 具二能引生이요 四는
泯攝前三하야 稱理成德이니 如次配前四淨니라 餘廣如彼하니라 以
句의 開合不同은 亦可類取耳니라

처음에 세 구절은 지음이 있는 정법력이라고 한 것은 이것은 또한
『십지경론』의 문세를 취하였지만 구절이 많기도 하고 적기도 하여
인용한 바가 같지 않나니
저 논에는 열한[57] 구절 가운데 처음 구절은 총구요
나머지 열 구절은 별구이다.
별구 가운데 처음 구절은 타력이요
아래 아홉[58] 구절은 자력이다.
자력 가운데 처음에 한 구절은 지음이 있는 선법정력이니,
『십지경』[59]에 말하기를 정자淨自라 한 등[60]이요

<hr>

57 十一을 十이라 한 것은 잘못이다.
58 九를 八이라 한 것은 잘못이다.
59 經이란, 『十地經』第一卷에 환희지歡喜地의 初頭이다.
60 원문에 정자등淨自等이라고 한 것은 『십지경十地經』에 자선근청정고自善根清
淨故라 하였다.

다음에 한 구절은 지음이 없는 선법정력이니,
『십지경』에 말하기를 보정普淨이라 한 등[61]이요
다음에 한 구절은 중생을 교화하는 정력이니,
『십지경』에 말하기를 널리 중생을 섭수하는 까닭[62]이다 하였다.
나머지 여섯 구절이 있는 것은 다 이름이 신정력[63]이니,
다 함섭하여 세 가지 다한다[64]는 등을 삼았다.
지금에는 곧 지음이 있는 선법정력이 세 구절이 있고, 지음이 없는
선법정력이 두 구절이 있고, 신정력이 세 구절이 있다.
또 여기에 중생을 교화한다고 한 것이 빠진 것[65]은 차례를 의지하여
없는[66] 까닭이니,

---

61 원문에 보정등普淨等이라고 한 것은 『십지경十地經』에 법계정고法界淨故라
   하였다.
62 원문에 보섭중생고普攝衆生故라고 한 것은 『십지경』에 요익중생고饒益衆生故
   라 하였다. 『유망기遺忘記』엔 淨自는 淨自善根故라 하고 普淨은 普淨法界故
   라 하였다. 그리고 『잡화기』에 말하기를 有作善法淨(『잡화기』엔 淨字와 經字
   사이라고 하였다)이라고 한 아래에 經云淨自善根故, 次一句無作法淨이라는
   十四句가 빠진 것이 아닌가 염려하나니, 수자권水字卷 36장 이하를 볼 것이다
   하였다. 그러나 차본은 이미 교정되어 있다. 단 淨自等이라고만 하고 善根故라
   는 세 글자는 빠졌다. 그 세 글자는 等 자에 포함되어 있다 하겠다.
63 신정身淨은, 『십지경十地經』에 신정변재身淨辯才라 하였다.
64 원문에 삼종진三種盡은 이승부동진二乘不同盡과 보살진菩薩盡과 불진佛盡
   이다.
65 원문에 우궐교화중생又闕敎化衆生이라고 한 것은 『십지경』 중 자력변재사종自
   力辯才四種의 第三者가 교화중생정변재敎化衆生淨辯才이다.
66 차례를 의지하여 없다고 한 것은 경문의 차례가 이미 중생을 교화한다고

처음 지음이 있는 선법정력 가운데 함섭되어 있다.

네 가지 정력淨力[67]이라고 말한 것은 인위因位 가운데 네 가지 뜻이
있는 까닭이니
첫 번째는 힘이 있으면 능히 짓는 것이요
두 번째는 힘이 없으면 짓지 못하는 것이요
세 번째는 두 가지 능히 이끌어 생기함을 갖춘 것이요
네 번째는 앞에 세 가지를 다[68] 섭수하여 이치에 칭합하여 공덕을
이루는 것이니,
차례와 같이 앞의 네 가지 정력에 배속하였다.
나머지는 널리 저 『십지경』에서 설한 것과 같다.
구절을 열고 합한 것이 같지 않는 것은 또한 가히 비류하여 취할
것이다.

疏

此是地前에 有三盡者는 一은 圓敎의 普賢位融攝故요 二는 約金
剛幢의 內德位已極故라 又前加所爲中에 住行은 但有十句하고

한 뜻이 없는 까닭으로 소가가 따로 세우지 아니함을 말하는 것이다고 『잡화
기』는 말한다.
67 원문에 사정四淨이란, 유작선정有作善淨과 무작법정無作法淨과 교화중생정敎
化衆生淨과 신정身淨이다.
68 泯 자는 여기서는 '다할 민' 자이다.

正口加中엔 唯有一句어니와 今並過前者는 表位增故며 隣於地
故니 多同地經하니라

이 십지 이전에 세 가지 다함이 있는 것은 첫 번째는 원교의 보현위가
융합하여 섭수하는 까닭이요
두 번째는 금강당의 내덕위內德位가 이미 지극함을 잡은 까닭이다.
또 앞의 가피하는 까닭[69] 가운데 십주와 십행은 다만 열 구절만
있고, 바로 입으로 가피하는 가운데는 오직 한 구절만 있거니와,
지금에는 모두 앞의 구절보다 지나는 것[70]은 지위가 더 수승한 까닭이
며 십지에 가까워짐을 표한 까닭이니,
『십지경』과 다분히 같다 하겠다.

鈔

又前加下는 亦辨三賢으로 望於十地컨댄 事須差別일새 不可全同也
니라

또 앞의 가피하는 까닭이라고 한 아래는 또한 삼현으로 십지를

---

[69] 가피하는 까닭이라고 한 것은 십주와 십행 가운데는 다만 가피하는 까닭에
열 구절이 있고, 입으로 가피하는 가운데는 바로 오직 한 구절만 있거늘,
지금 가운데는 가피하는 까닭이 스물두 구절이 있다. 입으로 가피하는 가운데
는 구절이 많이 있나니, 지위가 더 수승한 때문이다.
[70] 원문에 금병과전今並過前이라고 한 것은 今中에 加所爲는 二十二句요 口加는
多句이니 위증位增이다.

바라보아 분별한다면[71] 사실[72]이 반드시 차별하기에 가히 온전히 같지는 않는 것이다.

---

[71] 원문에 역변삼현亦辨三賢이라고 한 등은 소문疏文 가운데는 지금은 앞에 이현二賢(十住, 十行)의 구절보다는 지난다는 뜻을 해석하였거니와, 총의總義를 잡아 말한 까닭으로 삼현三賢이라 하였다. 그러나 그 뜻은 십회향十廻向으로 십지十地를 바라봄에 또한 차별이 있어 온전히 같지는 않는 까닭으로 『십지경十地經』과 다분히 같다고만 말하였을 뿐이다.

[72] 원문에 事란, 十向之事와 十地之事이다. 즉 사실이란, 십회향의 사실과 십지의 사실이다.

經

爾時諸佛이 卽與金剛幢菩薩에게 無量智慧하시며 與無留礙辯하시며 與分別句義善方便하시며 與無礙法光明하시며 與如來平等身하시며 與無量差別淨音聲하시며 與菩薩不思議善觀察三昧하시며 與不可沮壞一切善根迴向智하시며 與觀察一切法하야 成就巧方便하시며 與一切處에 說一切法無斷辯하시니

그때에 모든 부처님이 곧 금강당보살에게 한량없는 지혜를 주시며
머뭇거림도 걸림도 없는 변재를 주시며
글귀와 뜻을 분별하는 좋은 방편을 주시며
걸림이 없는 법의 광명을 주시며
여래의 평등한 몸을 주시며
한량없이 차별한 맑은 음성을 주시며
보살의 사의할 수 없이 잘 관찰하는 삼매를 주시며
가히 무너뜨릴 수 없는 일체 선근으로 회향하는 지혜를 주시며
일체법을 관찰하여 성취하는 교묘한 방편을 주시며
일체 처소에서 일체법을 설하는 끊어짐이 없는 변재를 주시니

疏

二에 爾時下는 意加中二니 先은 正明加相이요 二에 何以下는 釋偏

加所以라 前中十句니 初總餘別이라 然此十句가 大同地經거니와
唯四五前却하고 餘如彼次하니라

두 번째 그때라고 한 아래는 뜻으로 가피하는 가운데 두 가지가
있나니
먼저는 가피하는 모습을 바로 밝힌 것이요
두 번째 무슨 까닭인가 한 아래는 치우쳐 가피하는 까닭을 해석한
것이다.
앞의 가피하는 모습 가운데 열 구절이 있나니
처음 구절은 총구요
나머지 구절은 별구이다.
그러나 이 열 구절이 『십지경론』과 크게는 같거니와
오직 제 네 번째와 제 다섯 번째73 구절만 앞뒤로 바뀌었고, 나머지
구절은 저 『십지경론』의 차례와 같다.

鈔

然此十句者는 比前諸段컨댄 彼不全同거니와 今爲大同하니라 旣唯
一句前却일새 故得全引彼釋하니라 所以此多同者는 以與智辯하야
令其有說일새 則得大同이요 前就所說일새 故小異耳니라 此中十句

---

73 五六은 四五의 誤이다. 영인본 화엄 7책(다음 소문에 있다), p.461, 3행과
5행에 밝혀 놓았다. 『잡화기』는 唯 자와 五 자 사이에 四 자가 빠졌고,
그 아래 六 자는 당연히 제거해야 한다 하였으니, 같은 말이다.

는 須觀下十地經疏니 不可具引하고 隨要略引하니라

그러나 이 열 구절이라고 한 것은 앞의 모든 단락을 비교한다면 저『십지경』과는 온전히 같지는 않거니와, 지금에 이 단락은 크게는 같다.

이미 오직 한 구절만 앞뒤로 바뀌었을 뿐이기에 그런 까닭으로 온전히 저『십지경』을 인용하여 해석하였다.

이 단락과 다분히 같다고 한 까닭은 지혜와 변재를 주어서 그 금강당 보살[74]로 하여금 설하게 함이 있기에 곧 크게는 같다고 함을 얻는 것이요

앞의 모든 단락은 설하는 바에 나아갔기에 그런 까닭으로 조금 다른 것[75]이다.

이 가운데 열 구절은 반드시 아래『십지경』의 소문을 관찰해야 할 것이니, 지금에는 가히 갖추어 인용하지 않고 중요한 것만을

―――――――――――――

74 원문에 기其는 금강당보살金剛幢菩薩이다.『십지경十地經』에는 금강장보살金
剛藏菩薩이라 하였다.

75 원문에 전취소설前就所說일새 고소이故小異라고 한 것은 앞에 모든 단락은
소설所說에 나아가 말한 까닭으로 저 십지十地의 소설所說로 더불어 조금
다르기에 그런 까닭으로 온전히 같지는 않다 하였고, 지금에는 지혜를 주어
하여금 설하게 한(能說) 것은 십지十地로 더불어 다름이 없는 까닭으로 크게는
같다 하였다. 보통 다른 곳에서는 조금 다른 까닭으로 대동大同이라 하지만,
지금 여기서는 소이小異와 대동大同이 각각 한 가지 뜻이니, 학자學者들은
자세히 살펴볼 것이다.

따라 간략하게 인용[76]하였다.

疏

後別中에 一은 不著辯才니 說法不斷하야 無留礙故라 二는 堪辯才니 以善淨堪智가 有四種이라 謂緣法作成니 故云分別句義라하니라 三은 任放辯才니 說不待次하며 言辭不斷하야 處處隨意하야 有忘名義일새 故云無礙法光이라하니 忘不隨意하면 則有礙故라 四는 卽第五에 不雜辯才니 三種同智가 常現在前者는 慧身平等하야 知三相故니 故彼云호대 與遍至一切處智라하니라 五는 卽第四에 能說辯才니 有淨音故라 六은 敎出辯才니 靜鑒雙流故라 七은 不畏辯才니 智不可壞어니 何有畏哉리요 或六七前却이니 思之니라 八은 卽無量辯才니 謂一切法智로 隨順宣說修多羅等의 六種正見故라 九는 卽同化辯才니 得一切佛無畏身等의 三種敎化하야 隨所度者하야 顯示殊勝三業의 神變化故라

뒤에 별구 가운데 첫 번째 구절은 집착하지 않는 변재이니,
설법이 끊어지지 아니하여 머뭇거리거나 걸림이 없는 까닭이다.
두 번째 구절은 감당하는 변재이니,
선정善淨으로써 감당하는 지혜가 네 가지가 있다.
말하자면 연지緣智와 법지法智와 작지作智와 성지成智[77]이니,

---

76 원문에 수요약인隨要略引이라고 한 것은 아래 초문鈔文에 삼종지三種智와 육종견六種見이다.

그런 까닭으로 말하기를 글귀와 뜻을 분별한다 하였다.

세 번째 구절은 맡겨두는 변재이니,

설법이 차례를 기다리지 아니하며 말이 끊어지지 아니하여 곳곳마다 뜻을 따라 이름과 뜻을 잊지 않기에 그런 까닭으로 말하기를 걸림이 없는 법의 광명이다 하였으니,

뜻을 잊고 뜻을 따르지 않는다면 곧 걸림이 있는 까닭이다.

네 번째 구절은 곧『십지론』의 제 다섯 번째 섞이지 않는 변재이니,

세 가지 같은 모습[78]의 지혜[79]가 항상 앞에 나타나 있다[80]고 한 것은 지혜의 몸이 평등하여 세 가지 모습을 아는 까닭이니,

그런 까닭으로 저『십지경』에 말하기를 일체 처소에 두루 이르는 지혜를 주신다 하였다.

다섯 번째 구절은 곧『십지론』의 제 네 번째 능히 설하는 변재이니,

맑은 음성이 있는 까닭이다.

여섯 번째 구절은 벗어나기를 가르치는 변재이니,

고요히 있는 것과 비추어 보는 것을 함께 유설하는 까닭이다.

일곱 번째 구절은 두려움이 없는 변재이니,

---

77 원문에 연법작성緣法作成은『유망기遺忘記』에는 인연因緣과 법이法爾와 작용作用과 증성證成이라 하고,『잡화기雜華記』에는 수자권水字卷, 24장 이하에 있다고 하였다.

78 원문 同 자 아래에『십지론十地論』에는 相 자가 있다.

79 원문에 삼종동상지三種同相智는 초문鈔文에 있다.

80 원문에 在 자는『십지론十地論』에는 없다. 즉 현재전現在前이 아니라 현전現前이라 하였다.

지혜를 가히 무너뜨릴 수 없거니 어찌 두려움이 있겠는가.

혹 제 여섯 번째와 일곱 번째 구절도 앞뒤가 바뀐 듯하니 생각할 것이다.

여덟 번째 구절은 곧 한량없는 변재이니,

말하자면 일체법[81]을 설하는 지혜로 수다라 등 여섯 가지 바르게 보는[82] 것을 수순하여 선설하는 까닭이다.

아홉 번째 구절은 곧 다 같이 교화하는 변재이니,

일체 부처님의 두려움이 없는 몸 등 세 가지로 교화함[83]을 얻어서 제도할 바 사람을 따라 수승한 삼업의 신통변화를 현시하는 까닭이다.

鈔

三種同智者는 卽自相과 共相과 及不二相이니 自相者는 色心等殊요 同相者는 同無我等이요 不二相者는 卽一實理也라 或六七前却者는 六卽不畏辯才니 以經云호대 不思議善觀察三昧는 同彼如來의 無所畏故요 七은 是敎出辯才니 以不可沮壞一切善根은 是敎出故니 大同地經의 成道自在故라 六種正見者는 一은 眞實智正見이요 二는 行正見이요 三은 敎正見이요 四는 離二邊正見이요 五는 不思議正見이요 六은 根欲正見이라

---

81 원문에 法 자는 『십지론十地論』에는 없다. 어일체지於一切智로 수순隨順 운운이라 하였다.

82 원문에 육종정견六種正見은 초문鈔文에 있다.

83 원문에 삼종교화三種敎化란, 신구의身口意니 身은 신통神通이고, 口는 교계敎計이고, 意는 기심記心이다.

세 가지 같은 모습의 지혜라고 한 것은 곧 자상과 공상과 그리고
둘이 아닌 상相이니
자상이라고 한 것은 색과 심心 등이 다른 것이요
동상[84]이라고 한 것은 무아 등과 같은 것이요
둘이 아닌 상이라고 한 것은 곧 하나의 진실한 이치이다.

혹 제 여섯 번째와 일곱 번째 구절도 앞뒤가 뒤바뀐 듯하다고 한
것은 여섯 번째 구절은 곧 두려움이 없는 변재이니,
이 경에 말하기를 보살의 사의할 수 없이 잘 관찰하는 삼매라고
한 것은 저 『십지경』에 여래의 두려워하는 바가 없다고 한 것과
같은 까닭이요
일곱 번째 구절은 벗어나기를 가르치는 변재이니,
이 경에 가히 무너뜨릴 수 없는 일체 선근이라고 한 것은 이것은
벗어나기를 가르치는 까닭이니,
『십지경』에 성도하여 자재한 힘이라 한 것과 크게는 같은 까닭이다.

여섯 가지 바르게 보는 것이라고 한 것은 첫 번째는 진실한 지혜를
바로 보는 것이요
두 번째는 행을 바로 보는 것이요
세 번째는 가르침을 바로 보는 것이요
네 번째는 이변二邊을 떠난 것을 바로 보는 것이요

---

84 동상同相은 곧 공상共相이다.

다섯 번째는 사의할 수 없는 것을 바로 보는 것이요
여섯 번째는 근성과 욕락을 바로 보는 것이다.

經

何以故요 入此三昧善根力故니라
爾時諸佛이 各以右手로 摩金剛幢菩薩頂하시니 金剛幢菩薩이
得摩頂已에 卽從定起하야

무슨 까닭인가.
이 삼매에 들어간 선근의 힘인 까닭입니다.
그때에 모든 부처님이 각각 오른손으로써 금강당보살의 머리를
만지시니,
금강당보살이 머리를 만지심을 얻은 이후에 곧 삼매를 좇아 일어
나서

疏

次釋偏加라 及爾時下에 身加와 幷第三金剛幢下에 起分은 並如
前後說하니라

다음은 치우쳐 가피하는[85] 까닭을 해석한 것이다.
그리고 그때라고 한 아래에 몸으로 가피하신[86] 것과 아울러 제 세

---

85 원문에 편가偏加는 위에서는 편가소이偏加所以라 하였다.
86 원문에 신가身加는 가분加分 가운데 신가身加이다. 바로 위에 급이시及爾時의
　　及 자는 없다 해도 무방하다.

번째 금강당이라고 한 아래에 삼매로 좇아 일어난 부분(起分)은
모두 전후에서 설한 것과 같다.

經

告諸菩薩言호대 佛子야 菩薩摩訶薩이 有不可思議大願하야 充
滿法界하야 普能救護一切衆生하나니 所謂修學去來現在에 一
切佛迴向이니라

모든 보살에게 일러 말하기를 불자여, 보살마하살이 가히 사의할
수 없는 큰 서원이 있어 법계에 충만하여 널리 능히 일체중생을
구호하나니,
말하자면 과거와 미래와 현재에 일체 부처님의 회향을 수학하는
것입니다.

疏

第四에 告諸菩薩下는 本分이라 於中分二리니 先은 總顯體相이요
後에 佛子야 菩薩摩訶薩의 迴向有幾下는 別示名相이라 今初니
若直就經文인댄 應分爲三하리는 初句는 總標願體難思라 希求名
願이니 卽具攝普賢의 無盡願海가 深廣難思라 二에 充滿下는 顯
難思相이니 謂體充法界일새 故難思議요 用普救護일새 故稱爲大
니라 又約體인댄 深不思議요 約用인댄 廣不思議니라 又深廣無礙가
名不思議니라 又體相用三이 並充法界하야 隨所遍處하야 無不救
護일새 實難思議니라 三에 所謂下는 釋成難思니 以行同佛故니라

제 네 번째 모든 보살에게 일러 말하였다고 한 아래는 본분이다.
그 가운데 두 가지로 나누리니
먼저는 자체의 모습을 한꺼번에 나타낸 것이요
뒤에 불자여, 보살마하살의 회향이 몇 가지가 있는가 한 아래는
이름의 모습을 따로 현시한 것이다.
지금은 처음으로, 만약 바로 경문에 나아간다면 응당 나누어 세
가지로 하리니
처음 구절은 서원의 자체가 사의하기 어려운 것을 한꺼번에 표한
것이다.
구하기를 희망하는 것이 이름이 서원이니,
곧 보현보살의 끝없는 서원의 바다가 깊고도 넓어 사의하기 어려운
것을 갖추어 섭수하는 것이다.

두 번째 법계에 충만하다고 한 아래는 사의하기 어려운 모습을
나타낸 것이니,
말하자면 자체가 법계에 충만하기에 그런 까닭으로 사의하기 어렵다
한 것이요
작용이 널리 구호하기에 그런 까닭으로 이름을 크다 한 것이다.
또 자체를 잡는다면 깊어서 사의할 수 없는 것이요
작용을 잡는다면 넓어서 사의할 수 없는 것이다.
또 깊고 넓어서 걸림이 없는 것이 이름이 사의할 수 없는 것이다.
또 자체와 모습과 작용의 세 가지가 모두 법계에 충만하여 두루할
바 처소를 따라 구호하지 아니함이 없기에 진실로 사의하기 어려운

것이다.

세 번째 말하자면이라고 한 아래는 사의하기 어려운 것을 해석하여
성립한 것이니,
행이 부처님과 같은 까닭이다.

鈔

二에 充滿下는 釋第二句에 自有四義하니 一은 以體로 釋不思議하고
以用釋大요 二는 雙約體用하야 釋不思議요 三은 體用雙融하야 釋不
思議요 四는 約三大相融하야 釋不思議라

두 번째 법계에 충만하다고 한 아래라고 한 것은 제 두 번째 구절을
해석함에 스스로 네 가지 뜻이 있나니
첫 번째는 자체로써 사의할 수 없다고 한 것을 해석하고 작용함으로
써 크다고 한 것을 해석한 것이요
두 번째는 자체와 작용을 함께 잡아 사의할 수 없다고 한 것을
해석한 것이요
세 번째는 자체와 작용을 함께 융합하여 사의할 수 없다고 한 것을
해석한 것이요
네 번째는 삼대가 서로 융합함을 잡아 사의할 수 없다고 한 것을
해석한 것이다.

疏

然이나 總論品內인댄 ──難思어니와 別示其相인댄 略申十種이
니 一은 體深이요 二는 用廣이니 如上已辨하니라 三은 攝德無盡이
요 四는 出生衆行이요 五는 餘不能壞니 此三은 充滿法界中攝이라
六은 都不自爲요 七은 忍苦無倦이요 八은 背恩不轉이요 九는 逆順
多端이요 十은 盡窮來際니 此五는 普能救護中攝이라 此之十句가
──超於言念하야 皆不思議니라

그러나 품내品內를 총론한다면 낱낱이 사의하기 어렵거니와, 그
모습을 따로 현시한다면 간략하게 열 가지로 펼 수 있나니
첫 번째는 자체가 깊은 것이요
두 번째는 작용이 넓은 것이니
위[87]에서 이미 분별한 것과 같다.
세 번째는 섭수하는 공덕이 끝이 없는 것이요
네 번째는 수많은 행을 출생하는 것이요
다섯 번째는 나머지는 능히 무너뜨릴 수 없는 것이니,
이 세 가지는 법계에 충만하다[88]고 한 가운데 섭수되는 것이다.
여섯 번째는 다 스스로 하는 것이 아니요[89]

---

87 원문에 上이란, 영인본 화엄 7책, p.463, 8행이다.

88 원문에 충만법계充滿法界라고 한 것은 此經文이다.

89 원문에 도부자위都不自爲라고 한 것은 자기 마음대로 하는 것이 아니라 삼세三
世의 부처님께 배운다는 것이다.

일곱 번째는 괴로움을 참아 게으르지 않는 것이요

여덟 번째는 은혜를 등질지라도 퇴전하지 않는 것이요

아홉 번째는 역순이 많은 것이요

열 번째는 미래 세계를 다하는 것이니,

이 다섯 가지는 널리 중생을 구호한다고 한 가운데 섭수되는 것이다.

이 열 구절이 낱낱이 말과 생각을 초월하여 다 사의할 수 없는 것이다.

疏

故收前後에 有三種體하니 一은 所依體니 卽智光三昧요 二는 約
剋性인댄 卽上大願이요 三은 約總含인댄 通有六法하니 一定이요
二智요 三願이요 四悲요 五는 所依法界요 六은 通慧作用이니 卽不
思議解脫로 以爲體性하고 而圓融無礙로 爲迴向體하니라

그런 까닭으로 앞뒤를 거듭에 세 가지 자체가 있나니

첫 번째는 의지하는 바 자체이니 곧 지혜광명 삼매요

두 번째는 극성剋性을 잡는다면 곧 위에 큰 서원이요

세 번째는 모두 포함한 것을 잡는다면 통틀어 여섯 가지 법이 있나니

첫 번째는 삼매요

두 번째는 지혜요

세 번째는 서원이요

네 번째는 자비요

다섯 번째는 의지하는 바 법계요

여섯 번째는 신통 지혜의 작용이니,

곧 사의할 수 없는 해탈로 자체성을 삼고 원융하여 걸림이 없는[90]

것으로 회향의 자체성을 삼는 것이다.

疏

若取論勢인댄 亦初句是總이요 下三句別이라 一에 充滿法界는 卽
是勝願이니 以是一切佛根本故요 二에 普救一切는 卽是大願이니
順作利益故요 三에 所謂學佛迴向은 是不怯弱願이니 決定入佛
大願故라 亦未入地일새 故無觀相과 及眞實願하고 大悲增故로
加前行住에 大願利益이라 而住行中에 有無常愛果因거늘 今此
缺者는 大悲旣增에 惟願救護하고 不欲自求菩提果故니라

만약 『십지론』의 문세를 취한다면 또한 처음 구절은 총구요
아래 세 구절은 별구이다.

처음에 법계에 충만하다고 한 것은 곧 수승한 서원이니,

이것은 일체 부처님의 근본인 까닭이요

---

90 원문에 원융무애圓融無礙 운운은 위에서 이미 세 가지 자체(三種體)를 따로
설說한 까닭으로 여기서는 곧 세 가지 자체를 모두 원융케 하는 것이다.
비록 第三이 總이고 前二가 別이지만, 그러나 지금 위에 세 가지로써 一時에
圓融케 하는 것이니, 그런 까닭으로 위에서는 따로 설하고 여기서는 원융케
하는 것이다. 이상은 다 『잡화기』의 말이다.

두 번째 널리 일체중생을 구호한다고 한 것은 곧 이것은 큰 서원이니,
수순하여 이익을 짓는 까닭이요

세 번째 말하자면 부처님의 회향을 수학한다고 한 것은 이것은
겁내거나 나약하지 않는 서원이니,

결정코 불지에 들어가는 큰 서원인 까닭이다.

또한 아직 십지에 들어가지 않았기에[91] 그런 까닭으로 모습을 관찰하
는 서원과 그리고 진실한 서원이 없고, 대비가 증승한 까닭으로
앞의 십행과 십주에 큰 서원의 이익을 더하는 것이다.

그러나 십주와 십행 가운데는 무상애과無常愛果의 원인이 있었거늘
지금에 이것이 빠진 것은 대비가 이미 증승함에 오직 중생을 구호할
것만 서원하고 스스로 보리과를 구하고자 하지 않는 까닭이다.

---

91 원문에 역미입亦未入 운운은 십지十地에 들어가면 진여眞如를 관찰觀察하는
 것과 진실眞實한 서원이 있지만, 지금 여기는 아직 십지十地에 들어가지
 않았기에 없다는 것이다.

經

佛子야 菩薩摩訶薩의 迴向有幾種고

불자여, 보살마하살의 회향이 몇 가지가 있는가.

疏

第二는 別示名相이라 文分四別하리니 一은 擧名徵數라

제 두 번째는 이름의 모습을 따로 시현한 것이다.
경문을 네 가지로 다르게 나누리니
첫 번째는 이름을 들어 그 수를 물은 것이다.

經

佛子야 菩薩摩訶薩의 迴向有十種하니 三世諸佛이 咸共演說하
시니라

불자여, 보살마하살의 회향이 열 가지가 있나니
삼세에 모든 부처님이 다 함께 연설하십니다.

疏

二에 佛子下는 標數顯勝이니 諸佛共說故라 三에 何等下는 徵數
列名이요 四에 佛子是爲下는 結數引證이라

두 번째 불자여라고 한 아래는 회향의 수를 표하여 수승함을 나타낸
것이니,
모든 부처님이 함께 설한 까닭이다.
세 번째 어떤 등이라고 한 아래는 그 수를 묻고 이름을 열거한
것이요
네 번째 불자여, 이것이 보살의 열 가지 회향이 된다고 한 아래는
수를 맺어 인증한 것이다.

經

何等爲十고 一者는 救護一切衆生호대 離衆生相迴向이요 二者는 不壞迴向이요 三者는 等一切諸佛迴向이요 四者는 至一切處迴向이요 五者는 無盡功德藏迴向이요 六者는 入一切平等善根迴向이요 七者는 等隨順一切衆生迴向이요 八者는 眞如相迴向이요 九者는 無縛無著解脫迴向이요 十者는 入法界無量迴向이니라

어떤 등이 열 가지가 되는가.
첫 번째는 일체중생을 구호하지만 중생의 모습을 떠나는 회향이요
두 번째는 무너지지 않는 회향이요
세 번째는 일체 부처님과 같은 회향이요
네 번째는 일체 처소에 이르는 회향이요
다섯 번째는 끝이 없는 공덕 창고의 회향이요
여섯 번째는 일체 평등한 선근에 들어가는 회향이요
일곱 번째는 일체중생을 평등하게 따르는 회향이요
여덟 번째는 진여의 모습에 합하는 회향이요
아홉 번째는 속박도 없고 집착도 없는 해탈의 회향이요
열 번째는 한량없는 법계에 들어가는 회향입니다.

疏

三中에 先徵後列이라 十迴向義를 略以五門分別하리니 一은 釋名
이요 二는 義相이요 三은 體性이요 四는 定位요 五는 行法差別이라

세 번째 그 수를 묻고 이름을 열거한 가운데 먼저는 묻는 것이요
뒤에는 열거한 것이다.
십회향의 뜻을 간략하게 오문으로 분별하리니
첫 번째는 이름을 해석한 것이요
두 번째는 뜻의 모습이요
세 번째는 자체성이요
네 번째는 지위를 결정하는 것이요
다섯 번째는 행법이 차별한 것이다.[92]

疏

初中에 先總名은 已見品初어니와 後別名은 今當略釋호리라 然이
나 通相而辨인댄 有其二意하니 一에 迴向二字는 皆是能迴之願이
요 救護等名은 皆是所迴之行이니 故皆依主로 受名이라 二에 救護
等名은 皆迴向之別相이요 迴向二字는 皆別相之通名이라 當名
相望인댄 救護等이 卽迴向이니 持業受稱이라 若互相揀인댄 是救
護之迴向이요 非不壞之迴向이니 則通依主니 隨其義便하야 不可

局定이라 第一에 救護等者는 大悲廣濟일새 名爲救護一切衆生이
요 大智無著일새 故云離衆生相이라하니 卽是廣大와 不顚倒心이
라 迴向是行이니 謂以善根으로 迴成救生호대 離相之行일새 故名
迴向이니 從所向立名이라 故下文云호대 願此善根으로 普能饒益
一切衆生이라하니 明知救護가 非是所迴라 自以十度로 爲所迴向
耳니라 又唯以離衆生相으로 爲能迴者인댄 則迴向中에 無隨相也
리라 將墮者護하고 已墮者救니 救令脫苦요 護令息惡이니 並以善
根으로 願能成此니라 二는 於三寶等에 得不壞信이니 以此善根으
로 用將迴向이요 三은 學三世佛의 所作迴向일새 名等諸佛이요
四는 菩薩이 令其善根으로 至一切處요 五는 由迴向故로 能成無
盡功德之藏이요 六은 順理修善하야 事理無違일새 入於平等이요
七은 以善根等心으로 順益衆生이요 八은 善根合如하야 以成迴向
이요 九는 不爲相縛하며 不於見著하야 作用自在할새 故名解脫이
니 如不思議解脫等이요 十은 稱性起用이니 謂以法界善根으로 迴
向法界故니 至隨文中하야 當更開顯하리라

처음 이름을 해석한 가운데 먼저 총명은 이미 이 회향품 초에 나타났
거니와, 뒤에 별명은 지금에 마땅히 간략하게 해석하겠다.
그러나 통상으로 분별한다면 두 가지 뜻이 있나니
첫 번째 회향이라고 한 두 글자는 다 능히 회향할 서원이요
구호한다고 한 등의 이름은 다 회향할 바 행이니[93],

─────────────

93 구호한다고 한 등의 이름은 다 이 회향할 바 행이라고 한 것은 이것은 십회향을

그런 까닭으로 의주석으로 이름을 받은 것이다.

두 번째는 구호한다고 한 등의 이름은 다 회향의 별상別相이요 회향이라고 한 두 글자는 다 별상의 통명通名이다.

당명當名으로 서로 바라본다면 구호한다고 한 등이 곧 회향이니, 지업석으로 이름을 받은 것[94]이다.

만약 서로서로 분간한다면 이것은 중생을 구호하는 회향이고 무너지지 않는 회향이 아니니,

곧 의주석에도 통하나니 그 뜻의 편리함을 따라 가히 국한하여 결정할 수는 없는 것[95]이다.

첫 번째 중생을 구호한다고 한 등은 큰 자비로 널리 제도하기에 이름을 일체중생을 구호한다 한 것이요

모두 잡아서 설한 까닭이니, 처음 회향으로써 나머지 아홉 회향을 등취하여 널리 이 회향할 바를 가리킨 것일지언정, 만약 세분하여 말한다면 처음 회향과 그리고 제 아홉 번째 회향은 이 회향할 바가 아니니, 여기에 집착하여 처음 회향이 또한 회향할 바에 통한다고 하는 것은 불가不可한 것이다. 아래 따로 해석한 가운데를 관찰한다면 곧 가히 알 수 있을 것이다. 이상은 『잡화기』의 말이다.

94 회향이라고 한 아래에 지업수칭持業受稱이라는 네 글자(四字)가 있어야 한다.

95 원문에 불가국정不可局定이라고 한 것은 이미 지업持業과 의주依主의 두 가지 해석을 구족한 까닭으로 가히 한 가지 뜻에만 국한하여 결정할 수 없다는 것이다. 구체적으로 말하면 위에 두 가지 뜻에 첫 번째 뜻도 십향十向을 다 소향所向이라 국한하여 결정할 수 없고, 뒤의 뜻도 십향十向을 다 능향能向이라고 국한하여 결정할 수 없다는 것이다. 『잡화기』의 뜻도 이와 같다. 단 아래 따로 해석한 가운데 초문에 나타내었다는 말이 더 있다.

큰 지혜로 집착이 없기에 그런 까닭으로 말하기를 중생의 모습을 떠난다 하였으니,

곧 광대심廣大心과 부전도심不顚倒心이다.

회향이라고 한 것은 이 행이니,

말하자면 선근으로써 중생을 구호하지만 중생의 모습을 떠나는 행을 돌이켜 이루기에 그런 까닭으로 이름을 회향이라 하는 것이니,

회향할 바로 좇아 이름을 세운 것이다.

그런 까닭으로 아래 경문[96]에 말하기를 원컨대 이 선근善根[97]으로 널리 능히 일체중생을 요익케 할 것이다 하였으니,

분명히 알아라. 중생을 구호하는 것이 회향하는 바가 아니라 스스로 십바라밀로써 회향[98]하는 바를 삼은 것이다.

또 오직 중생의 모습을 떠나는 것만으로 능히 회향을 삼는다면 곧 회향 가운데 수상隨相[99]회향이 없어야 할 것이다.

장차 떨어질 사람을 보호하고 이미 떨어진 사람을 구하는 것이니,

구하여 하여금 고통에서 벗어나게 하는 것이요

보호하여 하여금 악을 쉬게 하는 것이니,

---

96 원문에 하문下文이란, 영인본 화엄 7책, p.488, 1행이다.

97 선근善根이란, 십바라밀+波羅蜜이다.

98 원문에 향이向耳라 한 向 자는 없는 것이 좋다 하나, 있어도 무방하다.

99 수상隨相이라고 한 것은 십회향十回向 전부를 두 가지로 나누니 一은 수상회향隨相回向이고, 二는 이상회향離相回向(영인본 화엄 7책, p.524, 5행)이다. 『잡화기』에 말하기를 곧 회향 가운데 수상회향 운운은 그 뜻에 말하기를 중생을 구하여 중생의 모습을 떠나게 하는 것이 다 이 능회能廻이니, 위에 말을 합하면 처음 회향은 능회향과 소회향에 통하는 것이다 하였다.

모두 다 선근으로써 능히 이것을 이루기를 서원하는 것이다.

두 번째는 삼보 등에 무너지지 않는 믿음[100]을 얻는 것이니,
이 선근으로써 장차 회향함에 쓰려는 것이요
세 번째는 삼세에 부처님이 지으신 바 회향을 배우기에 모든 부처님
과 같다고 이름하는 것이요
네 번째는 보살이 그 선근으로 하여금 일체 처소에 이르게 하는
것이요
다섯 번째는 회향을 인유한 까닭으로 능히 끝없는 공덕의 창고를
이루는 것이요
여섯 번째는 이치에 순하여 선근을 닦아 사리에 어김이 없기에
평등에 들어가는 것이요
일곱 번째는 선근 등의 마음으로써 중생을 수순하여 이익케 하는
것이요
여덟 번째는 선근이 진여에 합하여 회향을 이루는 것이요
아홉 번째는 모습에 속박되지 아니하며 보는 것에 집착하지 않아서
작용이 자재하기에 그런 까닭으로 해탈이라 이름하는 것이니,
사의할 수 없는 해탈 등과 같은 것이요
열 번째는 자성에 칭합하여 작용을 일으키는 것이니,
말하자면 법계의 선근으로써 법계에 회향하는 까닭이니 경문을

---

100 원문에 불괴신不壞信이라고 한 것은 이것은 회향回向할 바 선근善根이니,
곧 회향回向 가운데 회향回向할 바 삼처三處를 포함하고 있는 것이다.

따라 해석하는 가운데 이르러 마땅히 다시 열어서 현시하겠다.

鈔

卽是廣大等者는 四心之二니 至第八迴向하야 當廣引釋호리라 救護
衆生은 卽廣大心이요 離衆生相은 卽不顚倒心이니 上에 釋救護等은
竟이라 迴向是行下는 以第一別名으로 對總迴向하야 以辨得名이라
明知下는 結彈古義니 以救護言으로 爲所迴向故니라 將墜下는 別釋
救護二字라 第二에 不壞迴向은 從所迴善根으로 得名이요 三은 通能
所迴가 悉皆等佛이요 四는 從所迴向立名이요 五는 從所成德이요 六
은 從所迴요 七은 通能所요 八은 通能所善根이 皆同如故요 第九는
從能迴向心으로 得名이요 第十은 亦通能所迴와 及所向法界로 立名
이라

곧 광대심이라고 한 등[101]은 네 가지 마음[102]에 두 가지 마음이니,
제 여덟 번째 회향에 이르러 마땅히 이끌어 해석하겠다.
중생을 구호한다고 한 것은 곧 광대심이요
중생의 모습을 떠났다고 한 것은 곧 부전도심이니,
이상에 구호 등을 해석한 것은 마친다.
회향이라고 한 것은 이 행이라고 한 아래는 첫 번째 별명으로 총명의

---

101 원문 大 자 아래에 等 자가 있어야 좋다.
102 원문에 四心은 광대심廣大心과 제일심第一心과 상심常心과 부전도심不顚倒心
이다.

회향을 상대하여[103] 이름 얻은 것을 분별한 것이다.

분명히 알아라고 한 아래는 고인의 뜻[104]을 맺어 탄핵한 것이니 구호한다는 말로써 회향[105]하는 바를 삼은 까닭이다.
장차 떨어질 사람이라고 한 아래는 구호한다는 두 글자를 따로 해석한 것이다.

제 두 번째 무너지지 않는 회향이라고 한 것은 회향할 바 선근으로 좇아 이름을 얻은 것이요
세 번째는 모든 능소의 회향이 다 부처님과 같은 것이요
네 번째는 회향할 바를 좇아 이름을 세운 것이요
다섯 번째는 이룰 바 공덕을 좇아 이름한 것이요
여섯 번째는 회향할 바를 좇아 이름한 것이요
일곱 번째는 모든 능소의 선근이요
여덟 번째는 모든 능소의 선근이 다 진여와 같은[106] 까닭이요
아홉 번째는 능히 회향하는 마음으로 좇아 이름을 얻은 것이요

---

103 원문에 대총회향對總迴向이라고 한 것은 영인본 화엄 7책, p.442, 2행에 총회향總迴向을 상대相對하였다는 것이다.
104 원문에 고의古義는 구호救護로 소향所向을 삼고, 이중생離衆生으로 능향能向을 삼았다.
105 迴向이라 한 向 자는 衍字라고 『잡화기』는 말하나, 있다 해도 무방하다.
106 원문에 통능소선근通能所善根이 개동여皆同如라고 한 것은 능소의 선근이 다 진여와 같은 까닭이다. 이것은 의지할 바를 따라 이름을 세운 것이니, 金字上卷, 十六丈, 上에 있다. 이상은 다 『잡화기』의 말이다.

열 번째는 또한 모든 능소의 회향과 그리고 회향할 바 법계로 이름을
세운 것이다.

疏

第二에 顯義相者는 先別後通이라 別中前七은 隨事行이요 後三은
稱理行이라 前中初一은 悲智不住니 明行本이요 次四는 明行相이
니 於中一者는 起行心堅이요 二는 約佛辨廣이요 三은 約法顯遍이
요 四는 約德顯多라 下二는 行成이니 一은 智行成이요 二는 悲行成
이라 後三中一은 正與理合이니 顯體深廣이요 二는 明依體起無方
大用이요 三은 顯體用無礙하야 圓明自在라 二는 通論인댄 一一中
에 皆有三種迴向하니 謂以善根으로 迴向衆生과 菩提實際라 此三
이 各有二義할새 故成迴向이니 一은 以菩薩善根이 必由衆生而成
은 是衆生之分일새 故還向彼요 由餘二成은 餘二流故니 菩提分
故며 稱實除故로 法爾向彼니라 二는 凡是菩薩인댄 必爲度生이니
不爾인댄 同二乘故요 必求無上菩提가 是家法故니 不爾인댄 同凡
小故요 必證實際니 背無明故며 照二空故니라 所以要須三者는
義乃無邊거니와 略申十意리니 謂依三法故며 滅三道故며 淨三聚
戒며 顯三佛性이며 成三寶며 會三身이며 具三德이며 得三菩提며
證三涅槃이며 安住三種祕密藏故니라 一에 依三法者는 謂眞性과
觀照와 及與資成이니 卽起信論의 體相用也니 實際依體요 菩提
依相이요 衆生依用이라 二에 滅三道者는 見苦實際하야 方能滅苦

요 照煩惱空하야 卽得菩提요 迴結縛業하야 爲利生業이라 三에 淨三聚者는 謂向實際故로 律儀離過요 向菩提故로 廣攝衆善이요 向衆生者는 卽是攝生이라 四에 顯三佛性者는 實際正因이요 菩提了因이요 向衆生者는 卽是緣因이라 五에 成三寶者는 實際成法이요 菩提成佛이요 向彼衆生은 成同體僧이라 六에 會三身者는 謂法報化니라 七에 具三德은 謂斷智恩이라 八에 得三菩提는 謂實相菩提와 實智菩提와 方便菩提니 菩提樹下에 示成佛故니라 九에 證三涅槃者는 謂性淨涅槃과 圓淨涅槃과 方便淨涅槃이니 謂薪盡火滅이라 若依地論인댄 唯有上二者니 則眞極之成이 寧殊示滅이리요 菩提亦爾하니라 上四皆如次히 配迴向實際와 菩提衆生이니 可以意得이라 十에 安住三種祕密藏者는 由向實際하야 則住法身이니 佛은 以法爲身하야 淸淨如虛空故요 由向菩提하야 能成般若니 菩提朗鑒하야 居極照故요 由向衆生하야 能成解脫이니 自旣無累일새 令他解脫이요 隨機應現도 亦無礙解脫也니라 以斯十義로 立三迴向이라

제 두 번째 뜻의 모습을 나타낸다고 한 것은 먼저는 별명이요 뒤에는 통명通名이다.
별명 가운데 앞에 일곱 가지는 사실을 따르는 행이요
뒤에 세 가지는 진리에 칭합한 행이다.
앞의 일곱 가지 가운데 처음에 한 가지는 자비와 지혜가 머물지 않는 것이니

행의 근본을 밝힌 것이요

다음에 네 가지는 행의 모습을 밝힌 것이니

그 가운데 첫 번째는 수행할 마음을 일으키는 것이 견고한 것이요

두 번째는 부처님을 잡아 광대함을 분별한 것이요

세 번째는 법을 잡아 두루함을 나타낸 것이요

네 번째는 공덕을 잡아 많음을 나타낸 것이다.

아래 두 가지는 행을 이루는 것이니

첫 번째는 지혜의 행을 이루는 것이요

두 번째는 자비의 행을 이루는 것이다.

뒤에 세 가지 가운데 첫 번째는 바로 진리로 더불어 합하는 것이니

자체가 깊고도 넓은 것을 나타낸 것이요

두 번째는 자체를 의지하여 방소가 없는 큰 작용을 일으키는 것을

밝힌 것이요

세 번째는 자체와 작용이 걸림이 없어서 원만하게 밝아 자재한

것을 나타낸 것이다.

두 번째는 통틀어 논한다면 낱낱 회향 가운데 다 세 가지 회향이

있나니

말하자면 선근으로써 중생과 보리와 실제에 회향하는 것이다.

이 세 가지 회향이 각각 두 가지 뜻이 있기에 그런 까닭으로 회향을

이루는 것이니

첫 번째 보살의 선근이 반드시 중생을 인유하여 이루어지는 것은

이것은 중생의 분分이기에 그런 까닭으로 도리어 저 중생에게 회향하

는 것이요

나머지 두 가지[107] 회향을 인유하여 이루어지는 것은 나머지 두 가지를 유출하는 까닭이니

보리의 분인 까닭이며 실제에 칭합한 까닭으로 법이 그렇게 저 두 가지에 회향하는 것이다.

두 번째는 무릇 보살이라면 반드시 중생을 제도해야 하나니 그렇지 않다고 한다면 이승과 같은 까닭이요

반드시 무상보리를 구하는 것이 이 가풍(家法)인 까닭이니 그렇지 않다고 한다면 범부와 소승과 같은 까닭이요

반드시 실제를 증득해야 하나니 무명을 등지는 까닭이며 이공二空을 비추는 까닭이다.

반드시 세 가지 회향을 필요로 하는 까닭은 그 뜻이 이에 끝이 없거니와 간략하게 열 가지 뜻만 밝히리니,

말하자면 삼법을 의지하는 까닭이며,

삼도를 제멸하는 까닭이며,

삼취정계를 청정하게 하며,

세 가지 불성을 나타내며,

삼보를 이루며,

삼신을 모으며,

삼덕을 갖추며,

---

107 원문에 여이餘二란, 보리菩提와 실제實際이다.

세 가지 보리를 얻으며,

세 가지 열반을 증득하며,

세 가지 비밀장에 편안히 머무는 까닭이다.

첫 번째 삼법을 의지한다고 한 것은 말하자면 진성과 관조觀照와

그리고 자성資成이니,

곧 『기신론』에 자체와 모습과 작용이니

실제는 자체을 의지한 것이요,

보리는 모습을 의지한 것이요,

중생은 작용을 의지한 것이다.

두 번째 삼도를 제멸한다고 한 것은 괴로움의 실제를 보아 바야흐로

능히 괴로움을 제멸하는 것이요

번뇌가 공한 줄 비추어 곧 보리를 얻는 것이요

결박의 업을 돌이켜 중생을 이익케 하는 업을 삼는 것이다.

세 번째 삼취정계를 청정하게 한다고 한 것은 말하자면 실제에

회향하는 까닭으로 율의가 허물을 떠나는 것이요

보리에 회향하는 까닭으로 수많은 선법을 폭넓게 섭수하는 것이요

중생에게 회향하는 것은 곧 중생을 섭수[108]하는 것이다.

네 번째 세 가지 불성을 나타낸다고 한 것은 실제는 정인불성이요

보리는 요인불성이요

---

108 원문에 섭야攝也라 한 也 자는 生 자의 오자誤字이고 攝 자는 向 자의 뜻이다.
   즉 향중생向衆生이란 섭중생攝衆生이라는 것이다. 『잡화기』는 즉시섭卽是攝
   이라고 한 것은 向이 곧 攝의 뜻이라 말한다 하였다.

중생에게 회향하는 것은 곧 연인불성이다.

다섯 번째 삼보를 이룬다고 한 것은 실제는 법을 이루는 것이요 보리는 부처를 이루는 것이요

저 중생에게 회향하는 것은 동체승보僧寶를 이루는 것이다.

여섯 번째 삼신三身을 모은다고 한 것은 말하자면 법신과 보신과 화신이다.

일곱 번째 삼덕三德을 갖춘다고 한 것은 말하자면 단덕과 지덕과 은덕이다.

여덟 번째 세 가지 보리를 얻는다고 한 것은 말하자면 실상보리와 실지보리와 방편보리이니,

보리수 아래서 성불함을 보이신 까닭이다.

아홉 번째 세 가지 열반을 증득한다고 한 것은 말하자면 성정열반과 원정열반과 방편정열반이니,

나무가 다함에 불이 사라짐을 말하는 것이다.

만약 『십지론』을 의지한다면 오직 위에 두 가지[109]만 있나니,

곧 진실로 지극한 이룸이 어찌 열반을 보이는[110] 것과 다르겠는가.

보리도 또한 그러한 것이다.[111]

원문에 유유상이唯有上二는 『십지론十地論』 중엔 성정열반性淨涅槃과 방편정
열반方便淨涅槃뿐이니 원정열반圓淨涅槃은 방편정열반方便淨涅槃에 섭수攝
收되어 있다. 영인본 화엄 7책, p.477, 8행에 잘 설명하고 있다.

110 원문에 진극眞極은 원정圓淨이고, 시멸示滅은 방편方便이다.

111 원문에 보리역이菩提亦爾는 저 보리菩提에도 성정보리性淨菩提와 원정보리圓
淨菩提를 세웠다는 것이다. 즉 『십지론十地論』 중에 다만 이종보리二種菩提만

위에 네 가지[112]는 다 차례와 같이 실제와 보리와 중생에게 회향함을 배속한 것이니,

가히 뜻으로써 얻을 것이다.

열 번째 세 가지 비밀장에 편안히 머문다고 한 것은 실제에 회향함을 인유하여 곧 법신에 머무나니,

부처님은 법으로 몸을 삼아 청정하기가 허공과 같은 까닭이요 보리에 회향함을 인유하여 능히 반야를 이루나니,

보리로 밝게 비추어 종극의 비춤에 머무는 까닭이요 중생에게 회향함을 인유하여 능히 해탈을 이루나니,

자기가 이미 얽매임이 없기에 다른 사람으로 하여금 해탈케 하는 것이요,

근기를 따라 응하여 나타내는 것도 또한 걸림이 없는 해탈이다.

이 열 가지 뜻으로써 세 가지 회향을 세운 것이다.

疏

若立三種菩提之心이라도 亦依此十하며 又此十內에 擧一爲首하야 展轉相由하며 又此三者가 成二行故니 向實自利요 向生利他요

세우고 실지보리實智菩提는 세우지 아니하여 방편보리方便菩提로 실지보리實智菩提를 삼는 것이 이 두 가지 열반과 같은 까닭으로 또한 그러하다(亦爾)한 것이다. 『잡화기』에는 다만 저 보리에도 또한 응당 다만 두 가지(성정보리, 원정보리)를 세웠다고만 하였다.

112 원문에 上四는 鈔文엔 次四라 하였으니 六, 七, 八, 九이다.

菩提通二며 又向實은 護煩惱요 向生은 護小乘이요 菩提는 通二
護며 又爲成悲智니 智照理事일새 故有三也며 又隨擧悲智하야
亦具此三이니 悲中三者는 令彼衆生으로 知其實際하야 同證菩提
故요 智中三者는 照生相盡하면 卽同實際하야 證菩提故니라 又此
三者는 其必相資하야 一卽具三하야사 方成其一이니 一은 爲證實
際故로 迴向衆生이니 以化衆生으로 成其自利하야 斷障證實故며
亦向菩提니 速證菩提하야 具一切智하고 斷於二障하야사 方窮實
故니라 二는 爲救衆生故로 迴向實際니 速證實際하고 於惑自在하
야사 方能化故니라 故淨名云호대 若自有縛코사 能解彼縛인댄 無
有是處라하나라 亦向菩提니 速證菩提하야사 方能廣利니라 故地
經云호대 欲度衆生인댄 不離無障礙解脫智라하나라 三은 爲得菩
提故로 迴向衆生이니 不化衆生인댄 不證果故며 亦向實際니 不證
實際인댄 豈得菩提리요 故此三事가 相資成立이니 非唯三事가 自
互相資라 隨一一事하야 具攝法界德用하야 卽入無礙하야사 方名
眞實迴向三事라하리라

만약 세 가지 보리의 마음을 세울지라도 또한 이 열 가지 뜻을
의지해야 하며
또 이 열 가지 뜻 안에 하나를 들어 으뜸을 삼아 전전히 서로 인유하
며[113]

---

113 원문에 전전상유展轉相由란, 하나에 열 가지가 있어, 각각 열 가지라면 일백
   가지가 되는 등등이다.

또 이 세 가지 회향이 두 가지 행을 이루는 까닭이니,

실제에 회향하는 것은 자리요

중생에게 회향하는 것은 이타요

보리에 회향하는 것은 자리와 이타에 통하는 것이며

또 실제에 회향하는 것은 번뇌를 호지하는 것이요

중생에게 회향하는 것은 소승을 호지하는 것이요

보리에 회향하는 것은 두 가지 호지에 통하는 것이며

또 자비와 지혜를 이루기 위한 것이니,

지혜로 이사理事를 비추기에 그런 까닭으로 세 가지 회향이 있는 것이며

또 자비와 지혜를 거론함을 따라[114] 또한 이 세 가지 회향을 갖추나니,

자비 가운데 세 가지 회향은 저 중생으로 하여금 그 실제를 알아 다 같이 보리를 증득하게 하는 까닭이요

지혜 가운데 세 가지 회향은 중생의 모습을 비추어 다하면 곧 실제와 같아서 보리를 증득하는 까닭이다.

또 이 세 가지 회향은 반드시 서로 도와 하나가 곧 세 가지를 갖추어야 바야흐로 그 하나를 이루는 것이니

첫 번째는 실제를 증득하기 위한 까닭으로 중생에게 회향하나니,

중생을 교화함으로써 자리를 이루어 장애를 끊고 실제를 증득하는

---

114 또 자비와 지혜를 거론함을 따라 운운한 것은 이 위에는 곧 지혜로써 보리에 회향함에 배대하고, 자비로써 중생에게 회향함에 배대하고, 실제에 회향하는 것은 곧 이 지혜의 비출 바이다. 지금에는 곧 자비와 지혜의 두 가지 가운데 각각 세 가지 회향을 갖추고 있다 하겠다. 이상은 다 『잡화기』의 말이다.

까닭이며

또한 보리에 회향하나니,

속히 보리를 증득하여 일체 지혜를 갖추고 두 가지 장애를 끊어야
바야흐로 실제를 궁구하는 까닭이다.

두 번째는 중생을 구호하기 위한 까닭으로 실제에 회향하나니,
속히 실제를 증득하고 번뇌에 자재하여야 바야흐로 능히 교화하는
까닭이다.

그런 까닭으로『정명경』에 말하기를 만약 스스로 속박이 있고서
능히 저들을 속박에서 해탈케 하고자 한다면 옳을 곳이 없다 하였다.

또한 보리에 회향하나니,

속히 보리를 증득하여야 바야흐로 능히 널리 이익케 하는 것이다.

그런 까닭으로『십지경』에 말하기를 중생을 제도하고자 한다면
걸림이 없는 해탈의 지혜를 떠나지 않아야 한다 하였다.

세 번째는 보리를 얻기 위한 까닭으로 중생에게 회향하나니,

중생을 교화하지 않는다면 보리과를 증득할 수 없는 까닭이며

또한 실제에 회향하나니,

실제를 증득하지 않는다면 어찌 보리를 얻겠는가.

그런 까닭으로 이 세 가지 일이 서로 도와 성립하나니, 오직 세
가지 일이 스스로 서로서로 도을 뿐만 아니라 낱낱 일을 따라서
법계의 덕용을 갖추어 섭수하여 상즉相卽과 상입相入이 걸림이 없어
야 바야흐로 이름을 진실로 세 가지 일에 회향한다 할 것이다.

鈔

此三各有二義者는 第二에 成三之因이라 言必由衆生者는 若無衆生이면 菩薩이 不修行故니 卽由上義일새 故此修善이 屬於衆生이라 是彼之分이니 如父資財가 兒子有分하니라 言餘二流故者는 同上必由衆生而成하야 爲菩提故며 爲實際故로 而修其善하나니 卽是二流니라 菩提分故下는 同上是衆生之分하야 一切萬行이 皆菩提分이라 分亦因義니 皆稱實際는 卽實際分耳니라 二에 凡是菩薩下는 前就境明이요 此就人說이며 又前以人從法이요 此則攝法從人이며 又前是順釋이요 此是反顯이라

이 세 가지 회향이 각각 두 가지 뜻이 있다고 한 것은 제 두 번째 세 가지 회향을 이루는 원인이다.

반드시 중생을 인유한다고 말한 것은 만약 중생이 없다면 보살이 수행할 필요가 없는 까닭이니,

곧 위에 뜻을 인유하기에 그런 까닭으로 이 선근을 닦는 것이 중생에게 속하는 것이다.

이것은 저 중생의 분이니,

마치 아버지의 자재資財가 어린 아들[115]에게 분이 있는 것과 같다.

나머지 두 가지를 유출하는 까닭이라고 한 것은 위에 반드시 중생을 인유하여 이루어진다고 한 것과 같아서 보리를 위한 까닭이며 실제

---

115 원문에 부父는 보살菩薩이고, 아자兒子는 중생衆生이다.

를 위한 까닭으로 그 선근을 수행하나니,
곧 이것이 두 가지를 유출하는 것이다.

보리의 분인 까닭이라고 한 아래는 위에 중생의 분이라고 한 것과
같아서, 일체 만행이 다 보리의 분인 것이다.
분分이라는 것도 또한 원인의 뜻이니,
다 실제¹¹⁶에 칭합하는 것은 곧 실제의 분이다.

두 번째 무릇 보살이라고 한 아래는 앞에서는 경계에 나아가 밝힌
것이요
여기서는 사람에 나아가 설한 것이며
또한 앞에서는 사람으로써 법을 좇은 것이요
여기서는 곧 법을 섭수하여 사람을 좇은 것이며
또 앞에서는 순리대로 해석한 것이요
여기서는 반대로 나타낸 것이다.

一에 依三法者下는 釋也라 三法은 卽智論意니 亦三般若며 及三大
也로대 文中엔 但出三大니라 眞性은 實際니 卽實相般若요 觀照는
卽觀照般若요 資成은 卽是眷屬般若니 以不同三般若名이라 又不
攝五名일새 故略不配耳니라 二에 滅三道는 卽三雜染이니 謂煩惱道
와 業道와 苦道也니라 三에 淨三聚者는 故法集經云호대 若菩薩이

116 원문에 物 자는 際 자의 잘못이다.

捨於三聚에 迴向之心인댄 菩薩이 不應與彼共住라하니라 四에 顯三
佛性은 卽涅槃意니 以第一義空은 是正因性故요 了因은 雖通萬行이
나 成於菩提라야 究竟了故며 了了見佛性故요 緣因도 亦通萬行이나
成於菩提하야사 今以菩提로 照了일새 故以向生으로 爲緣하니라 五에
成三寶는 諸佛所師가 所謂法也니 以法眞常하야 體性離故며 以衆生
同體일새 故我向之니라 次四는 但列不釋하고 下但云호대 如次配之
라하니 六에 法身은 卽所證之實際故요 報身은 卽能證菩提故요 化身
은 爲衆生故니라 七은 證實無惑일새 故爲斷德이요 菩提是智요 化生
是恩이니 不在言也니라 八에 言實相菩提者는 下經云호대 譬如世界
有成壞나 而其虛空不增減인달하야 一切諸佛成菩提나 成與不成無
差別이라하니 合中上句는 卽實智菩提요 下句는 卽實相菩提라 淨名
云호대 菩提者는 不可以身得이며 不可以心得이라 寂滅是菩提니 滅
諸相故라하니라 若依地論下는 結彈地論이니 地論은 但說性淨과 及
方便淨이 卽眞淨이라하얏거니와 今엔 明眞淨이 卽圓滿淨이니 萬德俱
圓하고 相累俱寂할새 故云圓淨이요 迹盡雙樹하고 機盡應移할새 故
是方便淨이라 十에 安住三種下는 此義深難하며 又復最後일새 故偏
釋之하니라 釋解脫中에 具有三義하니 一은 自解脫이요 二는 解解他
니 若自有縛코사 能解他縛인댄 無有是處니라 三은 化衆生이 卽作用
解脫이니 餘如前後說하니라 若立三種菩提下는 例釋이니 先은 例三
菩提心이라 卽起信云호대 信成就發心者는 發於三心이니 一者는 直
心이니 正念眞如法故는 卽向實際요 二者는 深心이니 樂修一切諸善
行故는 卽向菩提요 三者는 大悲心이니 救護一切苦衆生故는 卽向衆
生이니 則亦明此十하야 而成彼三이라 又此十內下는 展轉相成하야

成百이라

첫 번째 삼법을 의지한다고 한 아래는 해석이다.
삼법이라고 한 것은 곧 『지도론』의 뜻이니
또한 세 가지 반야이며, 그리고 삼대이지만 문장 가운데는 다만
삼대만 설출하였을 뿐이다.
진성이라고 한 것은 실제이니 곧 실상반야요
관조觀照[117]라고 한 것은 곧 관조반야요
자성資成[118]이라고 한 것은 곧 권속반야이니,
세 가지 반야의 이름이 같지 않는 것이다.[119]
또 세 가지 반야는 다섯 가지 반야의 이름[120]을 섭수할 수 없기에[121]

---

117 관조觀照는 보리菩提이다.
118 자성資成은 중생衆生이다.
119 원문에 부동삼반야명不同三般若名이라고 한 것은 보통은 실상實相, 관조觀照, 문자반야文字般若라 하나 여기서는 문자반야文字般若를 빼고 권속반야眷屬般若라 하였으니, 삼반야三般若의 이름이 때를 따라 같지 않다. 『잡화기』에 말하기를 만약 세 가지 반야의 이름을 잡는다면 권속반야를 잡지 않고 반드시 문자반야를 잡아야 할 것이니, 권속반야는 곧 이 관조반야 가운데서 개출한 바인 것이다. 그런 까닭으로 문자반야 등 세 가지 반야를 잡는다면 곧 반드시 다섯 가지 반야의 이름을 섭수하고, 권속반야 등 세 가지 반야를 잡는다면 곧 다섯 가지 반야의 이름을 섭수할 수 없는 것이다 하였다.
120 원문에 오명五名은 실상반야實相般若와 경계반야境界般若와 관조반야觀照般若와 권속반야眷屬般若와 문자반야文字般若이다.
121 원문에 우불섭오명又不攝五名이라고 한 것은 오반야五般若 가운데 권속반야眷屬般若는 관조반야觀照般若 가운데서 개출開出한 까닭으로 권속, 관조, 실상의

그런 까닭으로 생략하고 배속하지 않는다.

두 번째 삼도를 제멸한다고 한 것은 곧 세 가지 잡염雜染이니, 말하자면 번뇌도[122]와 업도와 고도이다.

세 번째 삼취정계를 청정하게 한다고 한 것은 그런 까닭으로『법집경』에 말하기를 만약 보살이 삼취정계에 회향하는 마음을 버린다면 보살이 응당 저로 더불어 함께 머물지 않을 것이다[123] 하였다.

네 번째 세 가지 불성을 나타낸다고 한 것은 곧『열반경』의 뜻이니, 제일의공은 이 정인불성인 까닭이요
요인불성은 비록 만행을 통하지만 보리를 이루어야 구경에 아는 까닭이며 분명하게 불성을 보는 까닭이요
연인불성도 또한 만행을 통하지만 보리를 이루어야 지금에 보리로써 비추어 알기에 그런 까닭으로 중생에게 회향함으로써 연인불성을 삼는 것이다.

삼반야三般若는 오반야五般若를 섭수할 수 없고, 문자文字, 관조觀照, 실상實相의 삼반야三般若는 반드시 오반야五般若를 섭수한다는 것이다. 즉 삼반야三般若에 권속반야가 들어가느냐 들어가지 않느냐가 오반야五般若를 섭수하고 섭수하지 아니함의 妙가 있는 것이다.

122 번뇌煩惱는 惑이다.

123 원문에 보살불응여피공주菩薩不應與彼共住라고 한 것은 삼취계三聚戒를 청정히 하는 보살菩薩이 저 삼취계三聚戒를 버리는 보살菩薩로 더불어 함께 머물지 않는다는 것이다.

다섯 번째 삼보를 이룬다고 한 것은 모든 부처님이 스승을 삼는 바가 말하자면 법이니,

법은 진실로 영원하여 자체성[124]을 떠난 까닭이며,

중생은 한 몸이기에 그런 까닭으로 내가 그 중생에게 회향하는 것이다.

다음에 네 가지[125]는 다만 열거만 하여 해석하지는 않고, 아래에 다만 말하기를 차례와 같이 실제와 보리와 중생에게 배속한다 하였으니

여섯 번째 법신은 곧 증득할 바 실제인 까닭이요

보신은 곧 능히[126] 증득할 보리인 까닭이요

화신은 중생을 위한 까닭이다.

일곱 번째는 실제를 증득하여 의혹이 없기에 그런 까닭으로 단덕이 되는 것이요

보리는 지덕이 되는 것이요

중생을 교화하는 것은 은덕이 되는 것이니,

말에 있는 것이 아니다.

여덟 번째 실상보리라고 말한 것은 아래 경에 말하기를 비유하자면

---

124 원문에 체성體性은 욕등번뇌欲等煩惱의 체성體性이다.

125 원문에 次四란, 疏文에는 上四라 하였으니 六, 七, 八, 九이다.

126 원문에 巧 자는 能 자가 좋다. 북장경에는 能 자이다.

세계는 이루어지고 무너지는 것이 있지만 그 허공은 더하거나 모자
람이 없는 것과 같아서, 일체 모든 부처님도 보리를 이루었지만
이루는 것과 더불어 이루지 못한 것이 차별이 없다 하였으니,
법합¹²⁷ 가운데 위에 구절은 곧 실지보리요
아래 구절은 곧 실상보리이다.
『정명경』에 말하기를 보리라고 하는 것은 가히 몸으로도 얻을 수
없으며 가히 마음으로도 얻을 수 없는 것이다.
적멸이 이 보리이니 모든 모습을 제멸한 까닭이다 한 등이다.

만약 『십지론』을 의지한다면¹²⁸이라고 한 아래는 『십지론』을 맺어
탄핵한 것이니,
『십지론』은 다만 성정열반과 그리고 방편정열반이 곧 진정¹²⁹열반
이라고 설하였거니와 지금에는 진정열반이 곧 원정열반이라고 밝
혔으니,
만 가지 공덕이 함께 원만하고 여러 가지 모습이 함께 고요하기에
그런 까닭으로 말하기를 원정열반이라 한 것이요
자취를 사라쌍수에서 다하고 중생의 근기가 다함에 응하는 부처도
옮겨가기에 그런 까닭으로 방편정열반이라 한 것이다.

---

127 원문에 슴이란, 일체제불一切諸佛 이하이다.
128 원문에 약의지론若依地論 운운은 第九卷이다. 그리고 여기는 아홉 번째
   세 가지 열반을 증득한다고 한 것을 말하고 있다. 북장경에는 九는 證三涅槃
   이니 於中에 先은 正釋이라는 말이 若依地論이라는 말 위에 있다.
129 진정眞淨이란, 즉 성정性淨이다.

열 번째 세 가지 비밀장에 편안히 머문다고 한 아래는 이 뜻이
깊고도 어려우며 또한 다시 최후이기에 그런 까닭으로 치우쳐 그
세 가지 회향을 자세히 해석[130]하였다.
해탈을 해석하는 가운데 세 가지 뜻을 갖추고 있나니,
첫 번째는 스스로 해탈하는 것이요
두 번째는 다른 사람을 해탈케 하는 것이니
만약 스스로 속박이 있고서 능히 저들을 속박에서 해탈케 하고자
한다면 옳을 곳이 없는 것이다.
세 번째는 중생을 교화하는 것이 곧 작용해탈이니,
다른 것은 앞뒤에서 설한 것과 같다.

만약 세 가지[131] 보리의 마음을 세울지라도라고 한 아래는 비례하여
해석한 것이니
먼저는 세 가지 보리심에 비례한 것이다.
곧 『기신론』에 말하기를 신성취발심이라고 한 것은 세 가지 마음을
일으키는 것이니,
첫 번째는 바른 마음이니,
바로 진여의 법을 생각하는 까닭이라고 한 것은 곧 실제에 회향하는
것이요

---

130 원문에 편석偏釋이라고 한 것은 上四인 六, 七, 八, 九는 단열불석但列不釋하고
　　여차배회향삼처如次配回向三處라 하였지만, 여기는 최후 열 번째 마지막이기
　　에 치우쳐 자세히 해석한다는 것이다.
131 만약 세 가지 운운은 영인본 화엄 7책, p.473, 6행이다.

두 번째는 깊은 마음이니,

즐겁게 일체 선행을 닦는 까닭이라고 한 것은 곧 보리에 회향하는
것이요

세 번째는 대비의 마음이니,

일체 고통받는 중생을 구호하는 까닭이라고 한 것은 곧 중생에게
회향하는 것이니,

곧 또한 이 열 가지 뜻을 밝혀 저 세 가지 회향을 이루는 것이다.

또 이 열 가지 뜻 안에라고 한 아래는 전전히 서로 성립하여 백
가지 뜻을 이루는 것이다.

疏

第三에 體性者는 有總有別이라 總如前說이니 謂大願等이요 別在
說分이니 隨位顯之리라

제 세 번째 자체성이라고 한 것은 총이 있고 별이 있다.
총이라고 한 것은 앞에서 설한 것과 같나니[132]
말하자면 큰 서원 등[133]이요

---

132 원문에 총여전설總如前說이란, 영인본 화엄 7책, p.463, 6행에 총현체상總顯體
相이라 하였다.

133 원문에 대원등大願等이란, 영인본 화엄 7책, p.463, 3행에 보살菩薩이 유부사
의대원有不思議大願하야 충만법계充滿法界 운운한 것을 말한다.

별이라고 한 것은 설분[134]에 있나니
지위를 따라 나타내겠다.

疏

第四에 定位者는 若約資糧等五인댄 諸說不同이니 一은 云此迴向
位가 是修大乘하는 順解脫分인 資糧位終이니 從十信來로 皆資糧
故며 十迴向後에 別立加行故라 莊嚴論說호대 行盡一僧祇하야
長養信令增上케하며 增上修達分善根이라하며 又成唯識第九云
호대 初無數劫에 福智資糧인 順解脫分이 旣圓滿已에 爲入見道하
야 住唯識性하야 復修加行이라하며 雜集十一도 亦同此說하니라
有云호대 此十迴向이 是加行位로대 復有二說하니 一은 云四順決
擇分中에 是後二攝이니 謂十解爲煖이오 十行爲頂이오 前九迴向
은 爲忍이오 第十迴向은 爲世第一法이라 成唯識云호대 此四善根
이 亦勝解行攝이라하니 此文爲證이 雖不分明이나 玄奘三藏意는
存此釋하니라 一은 云四加行中에 世第一攝이라하니 故眞諦翻한
攝大乘云호대 如須陀洹이 道前에 有四方便인달하야 菩薩亦爾하
야 有四方便하니 謂四十心이라하니라 若依此釋인댄 則無五位리니
地前四十心이 皆加行故니라 餘約四位十三住等은 並如十住品
明하니라 上來는 多是大乘初門으로 接引二乘擬議하야 彼立四善
根故니라 有說호대 三賢이 總爲趣聖方便이라하야 不分資糧과 加

134 설분說分은 영인본 화엄 7책, p.485, 9행이다.

行遠近이라하니 此據終說이요 有言호대 一切行位를 都不可說이라하니 此約頓顯眞性而說이라 若依當部인댄 一位之中에 頓攝諸位하야 不礙前後하고 而位滿處가 卽是因圓이니 約圓敎說이라 然이나 與前敎相參인댄 應成四句니 一은 唯約相이니 如前諸敎요 二는 唯約自體니 如前頓說이요 三은 以體從相이요 四는 以性融相이니 此二는 卽當今文이라 謂以性隨相에 性不差하고 而位歷然하며 以性融相에 相不壞하고 而常相卽일새 故로 下一一位中에 具一切位니라 非但融因이라 亦常融果니 融果之因이라사 方是眞因이니라

제 네 번째 지위를 결정한다고 한 것은 만약 자량위 등 오위五位[135]를 잡는다면 모든 학설이 같지 않나니

첫 번째는 말하기를 이 회향위가 대승을 수행하는 순해탈분順解脫分[136]인 자량위의 끝이니,

십신으로 좇아 이후로 다 자량위인 까닭이며 십회향 이후에 따로 가행위를 세우는 까닭이다.

『장엄론』[137]에 말하기를 한 아승지세월토록 수행을 다하여 십신을 장양하여 하여금 증상增上[138]케 하며, 증상하여 통달위의 선근[139]을

---

135 오위五位는 자량위資糧位, 가행위加行位, 통달위通達位, 수습위修習位, 구경위究竟位이다.

136 순해탈분順解脫分은 유식오위唯識五位 가운데 자량위資糧位에 해당한다.

137 『장엄론莊嚴論』은 第七論이니 무착보살無着菩薩 지음, 현장玄奘 번역, 총十三卷이다.

수행케 한다 하였으며

또『성유식론』제구권에 말하기를 처음 수없는 세월에 복덕과 지혜의 자량資糧인 순해탈분이 이미 원만한 이후에 견도위에 들어가 유식성에 머물러서 다시 사가행을 수행한다 하였으며

『잡집론』십일권에도 또한 여기에서 말한 것과 같다.

어떤 사람이 말하기를 이 십회향이 이 가행위로되 다시 두 가지 학설이 있나니

하나는 말하기를[140] 사가행위인 순결택분 가운데 뒤에 두 가지에 섭수되는 것이니,

말하자면 십해十解는 난위가 되는 것이요

십행은 정위가 되는 것이요

앞에 아홉 가지 회향은 인위가 되는 것이요

제 열 번째 회향은 세제일법위가 되는 것이다.

『성유식론』[141]에 말하기를 이 사선근四善根[142]이 또한 승해행위勝解行位[143]에 섭수된다 하였으니,

---

138 증상增上이란, 십신十信이 상품上品에 이르는 것이다.

139 원문에 달분선근達分善根이라고 한 것은『유망기遺忘記』에는 초지初地 통달위通達位의 선근善根이라 하고,『잡화기雜華記』에는 달분자達分者는 통달위通達位의 인因이고 선근자善根者는 가행加行의 이명異名이라 하였다.

140 원문에 一云은 현장의 뜻이니, 당신이 번역한『성유식론成唯識論』을 근간으로 말하였다.

141 『성유식론成唯識論』은 현장의 번역이다.

142 사선근四善根은 사가행四加行이다.

이 문장으로 증거하는 것이 비록 분명하지는 않지만 현장삼장의
뜻은 이 해석에 있는 듯하다.

하나는 말하기를[144] 사가행위 가운데[145] 세제일위世第一位에 섭수된
다 하였으니,

그런 까닭으로 진제삼장이 번역한 『섭대승론』에 말하기를 수다원이
견도 이전에 네 가지 방편이 있는 것과 같아서 보살도 또한 그러하여
네 가지 방편[146]이 있나니, 말하자면 사십심四十心이다 하였다.

만약 이 해석을 의지한다면 곧 오위五位가 없어야 할 것이니[147]
십지 이전에 사십심이 다 가행加行인 까닭이다.

다른 곳에서 사위四位[148]와 십삼주十三住[149] 등을 잡은 것은 모두 십주

---

143 승해행위勝解行位는 영인본 화엄 7책, p.482, 9행에 十地前을 가리킨다고
하였다.

144 원문에 一云은 진제의 뜻이니, 당신이 번역한 『섭대승론攝大乘論』을 근간으로
말하고 있다.

145 원문에 사가행중四加行中이라고 한 것은 십회향위十回向位 가운데 사가행四加
行이다.

146 원문에 사방편四方便은 지전사십심地前四十心이니 즉 십신十信, 십주十住,
십행十行, 십회향十回向이다.

147 원문에 약의차석즉무오위若依此釋則無五位라고 한 것은 차석此釋이란 진제眞
諦의 해석이니, 이 해석을 의지한다면 지전사십심地前四十心이 다 가행加行인
까닭으로 자량위資糧位가 없다. 자량위가 없다면 오위五位가 없다는 것이다.

148 사위四位는 승해행勝解行, 견도見道, 수도修道, 구경위究竟位이다.

149 십삼주十三住는 『유가론瑜伽論』四十七卷에 설출說出한 것이니, 1. 種性住,
2. 解行住, 3. 歡喜住－初地, 4. 增上戒住－二地, 5. 增上心(意)住－三地,
6. 覺分相應增上慧住－四地, 7. 諸相應增上慧住－五地, 8. 緣起流轉止息

품에서 밝힌[150] 것과 같다.

이상에서 말한 것은 다분히 대승의 초문初門으로 이승의 헤아려 논의함을 직접 이끌어 저들[151]이 사선근을 세운 까닭이다.

어떤 사람이 말하기를 삼현이 모두 성위聖位에 나아가는 방편이라 하여 자량위와 가행위의 멀고 가까운 것을 나누지 않는다 하였으니, 이것은 종교終敎를 의거하여 말한 것이요

어떤 사람이 말하기를 일체 행위를 다 가히 말할 수 없다 하였으니, 이것은 문득 진성을 나타내는[152] 것을 잡아서 말한 것이다.

만약 당분인 화엄을 의지한다면 한 지위 가운데 문득 모든 지위를 섭수하여 앞뒤에 걸리지 않고 지위가 만족한 곳이 곧 원인이 원만한 것이니,

원교圓敎를 잡아서 말한 것이다.

그러나 앞의 모든 교로 더불어 섞어 헤아려 본다면 응당 네 구절을 이루나니

첫 번째는 오직 모습만 잡은 것이니

相應增上慧住—六地, 9. 無相有功用住—七地, 10. 無相無功用住—八地, 11. 無碍解住—九地, 12. 最上菩薩住—十地, 13. 最上如來住이다.

150 원문에 십주명十住明이라고 한 것은 영인본 화엄 5책, p.604 이하이다.

151 원문에 彼란, 제설諸說이니 제사諸師이다.

152 원문에 돈현진성頓顯眞性은 돈교頓敎이다.

앞의 모든 교와 같은 것이요

두 번째는 오직 자체만 잡은 것이니

앞의 돈교에서 말한 것과 같은 것이요

세 번째는 자체성으로써 모습을 좇는 것이요

네 번째는 자체성으로써 모습을 융합하는 것이니

이 두 가지는 곧 지금 경문에 해당하는 것이다.

말하자면 자체성으로써 모습을 따름에 자체성이 차별하지 않고 지위가 역연하며,

자체성으로써 모습을 융합함에 모습이 무너지지 않고 서로 즉하기에 그런 까닭으로 아래 낱낱 지위 가운데 일체 지위를 갖추는 것이다. 다만 원인에만 융합할 뿐만 아니라 또한 항상 결과에도 융합하나니, 결과에도 융합하는 원인이라야 바야흐로 진실한 원인인 것이다.

鈔

莊嚴論說은 卽第七論偈云호대 行盡一僧祇하야 長信令增上케하니 衆善隨信集하며 亦具如海滿이라하얏거늘 長行釋云호대 若諸菩薩이 行行來一阿僧祇劫하면 爾時長養於信하야 方至上品하나니 於信增時에 一切衆善이 隨信聚集하며 亦爲具足호미 如大海水가 湛然圓滿이라하니라 次引唯識하야 成上莊嚴하며 後引雜集하야 轉證唯識과 及上二文하니라 雜集論云호대 云何菩薩이 依瑜伽地하야 方便修行하야 證無所得고(問也) 謂諸菩薩이 已善積集福德智慧의 二種資糧已에 過第一無數大劫하야(此結前也) 已聞隨順通達眞如契經等法하

고 如理作意하야 發三摩地等이라하니라 五位之義는 十住略明하고
廣在十地하니 今但定位일새 是資糧位니 信至迴向히 皆資糧故니라
有云此十迴向下는 二에 明是加行이니 四加行義는 亦如初地하니라
然有二釋하니 前釋은 卽三藏意니라 此文爲證下는 以但云四가 是勝
解行攝이라하니 勝解行位는 卽通指地前이라 設四加行이 在迴向後
인달 豈不亦是勝解行攝이리요 以四善根은 未入地故니라 一云四加
行中等者는 卽眞諦意라 攝論亦云호대 願樂行人이 自有四種하니 謂
十信 十住 十行 十迴向이라 爲菩薩聖道가 有四方便하며 或有四人
하니 如須陀洹이 道前에 有四種方便하야 此四十人이 名願樂行이니
於第一阿僧祇에 修得圓滿이라하며 亦於地前에 無別加行일새 故疏
結云호대 則無五位라하니라 餘約四位下는 二略指라 而言等者는 彼
有十門故니 一은 約五位요 二는 約四位요 三은 約十二住요 四는 約十
三住요 五는 約十三法師요 六은 約五忍이요 七은 約五十二位요 八은
約四十二賢聖이요 九는 約六種性이요 十은 約四十二位圓融이라 兼
第九中엔 含於楞伽의 無復次位하니라 並指는 如前하니라

『장엄론』에 말하였다고 한 것은 곧 제칠론[153] 게송에 말하기를
한 아승지세월토록 수행을 다하여
십신을 장양하여 하여금 증상케 하니
수많은 선업이 믿음을 따라 모이며

---

153 제칠론第七論은 『대승장엄경론大乘莊嚴經論』 교수품敎授品, 제십오第十五
이다.

또한 갖추어지는 것이 마치 바다물이 가득 차는 것과 같다 하였거늘
장행문에 해석하여 말하기를 만약 모든 보살이 수행하고 수행하여
한 아승지세월을 지나오면 그때에 믿음을 장양하여 바야흐로 상품선
上品善에 이르나니, 믿음이 증상할 때에 일체 수많은 선법이 믿음을
따라 모이며 또한 갖추어지는 것이 마치 큰 바다에 물이 담연히
원만하여지는 것과 같다 하였다.

다음에는 『성유식론』을 인용하여 위에 『장엄론』을 성립하였으며
뒤에는 『잡집론』 십일권을 인용하여 『성유식론』과 그리고 위에
두 논문[154]을 전전히 증거하였다.
『잡집론』에 말하기를 어떤 것이 보살이 유가지瑜伽地[155]를 의지하여
방편으로 수행하여 얻을 바가 없는 것(無所得)을 증득하는가(묻는
것이다). 말하자면 모든 보살이 이미 잘 복덕과 지혜의 두 가지
자량資糧을 쌓아 모은 이후에 제일 무수대겁을[156] 지나(이것은 앞의

---

154 원문에 上二文이란, 영인본 화엄 7책, p.479, 2행 一云(『瑜伽論』)과 4행,
『장엄론莊嚴論』이다. 『잡화기』는 『장엄론』과 그리고 정석正釋한 소문이라
하였다.

155 유가지瑜伽地라고 한 것은 유가瑜伽란 여기 말로 상응相應이니, 상응지相應地
라는 뜻이다. 즉 지전地前이 지상地上에 상응相應하는 까닭으로 상응지相應地
라는 것이니, 『유가론瑜伽論』에 지위地位에 대하여 널리 밝혔다. 『잡화기雜華
記』엔 신상응지信相應地라 하였다.

156 무수대겁이라 한 아래에 『잡집론』에는 이이而已라는 두 글자가 있나니,
앞의 현위賢位를 맺는 까닭이다. 고본에 문이聞已라는 두 글자는 『잡집론』
문에 앞뒤가 바뀌어 이문已聞으로 되어 있다.(차본에는 이而 자는 없고 이문已聞

말을 맺는 것이다) 이미 진여를 수순하여 통달할 계경 등의 법문을
듣고 이치와 같이 뜻을 지어 삼마지를 일으킨다 한 등이라 하였다.
오위五位의 뜻은 십주에서 간략하게 밝혔고 폭넓게 밝힌 것은 십지에
있나니, 지금에는 다만 지위만을 결정하기에 이것은 자량위이니,
십신으로부터 십회향에 이르기까지 다 자량위인 까닭이다.

어떤 사람이 말하기를 이 십회향이라고 한 아래는 두 번째 가행위를
밝힌 것이니,
사가행의 뜻은 또한 초지에서 말한 것과 같다.
그러나 두 가지 해석[157]이 있나니,
앞에 해석은 곧 현장삼장의 뜻이다.
이 문장으로 증거한다고 한 아래는 다만 말하기를[158] 사가행이 이
승해행위勝解行位에 섭수된다 하였으니
승해행위는 곧 십지 이전을 모두 가리키는 것이다.
설사 사가행위가 십회향 이후에 있다 한들 어찌 또한 승해행위에
섭수되지 않겠는가. 사선근은 아직 십지에 들어가지 않는 까닭이다.

___

으로 이미 교정이 되어 있다) 그 뜻에 말하기를 저 진여를 수순하여 통달할
계경 등의 법을 이미 듣고 뜻을 지어 정定(삼마지)을 일으킨다 한 등이라
하였으니, 이것은 이 가행위의 모습이니 수순하여 통달한다고 한 것은
순결택분을 말하는 것이고, 삼마지라고 한 것은 사가행위(사선근, 순결택분이
라고도 한다) 가운데 다 의지하는 바 정定이 있는 까닭이다. 역시 『잡화기』의
말이다.

157 원문에 二釋은 一에 현장玄奘과 二에 진제眞諦이다.
158 원문에 但云은 영인본 화엄 7책, p.480, 1행에 『성유식론成唯識論』의 말이다.

하나는 말하기를 사가행위 가운데라고 한 등은 곧 진제삼장의 뜻
이다.

『양섭론』[159]에 또한 말하기를 즐겁게 수행하기를 서원하는 사람이
스스로 네 가지가 있나니

말하자면 십신과 십주와 십행과 십회향이다.

보살의 성도聖道가 네 가지 방편[160]이 있으며

혹은 네 사람이 있나니,

마치 수다원이 견도 이전에 네 가지 방편[161]이 있는 것과 같아서
이 사십인四十人이 이름이 즐겁게 수행하기를 서원하는 사람이니,

제일아승지세월에 수행하여 원만함을 얻는다 하였으며

또한 십지 이전에 따로 사가행이 없기에 그런 까닭으로 소문에
맺어[162] 말하기를 곧 오위五位가 없다 하였다.

다른 곳에서 사위四位와 십삼주 등을 잡았다고 한 아래는 두 번째
간략하게 십주품에서 밝혔다고 가리켰다.

---

159 『잡집론雜集論』은 『양섭론梁攝論』의 잘못이다. 『양섭론梁攝論』 十一卷이니
즉 세친의 『석론』에 양나라 진제가 十五卷으로 번역하였다. 그 가운데
第十一卷에 설출하였다. 앞의 영인본 화엄 7책, p.479에 雜集十一도 亦同此
經이란 말이 있지만 그것은 오위설五位說에 해당하는 것이고, 여기는 수다원
須陀洹 견도전見道前 사방편四方便이니 무관하다.

160 원문에 보살성도사방편菩薩聖道四方便은 십신十信, 십주十住, 십행十行, 십회
향十回向이다.

161 원문에 견도전사방편見道前四方便은 사가행四加行이다.

162 원문에 소결疏結이란, 영인본 화엄 7책, p.480, 4행이다.

등等이라고 말한 것은 저 십주품에 십문十門이 있는 까닭이니

첫 번째는 오위五位[163]를 잡은 것이요

두 번째는 사위四位[164]를 잡은 것이요

세 번째는 십이주[165]를 잡은 것이요

네 번째는 십삼주[166]를 잡은 것이요

다섯 번째는 십삼법사[167]를 잡은 것이요

여섯 번째는 오인五忍[168]을 잡은 것이요

일곱 번째는 오십이위[169]를 잡은 것이요

여덟 번째는 사십이현성四十二賢聖[170]을 잡은 것이요

아홉 번째는 육종성六種性[171]을 잡은 것이요

열 번째는 사십이위의 원융함을 잡은 것이다.

제 아홉 번째 육종성 가운데는 『능가경』의 다시 차제 지위가 없다고 한 것을 포함한다[172]고 한 것을 겸하였다.

---

163 오위五位는 『유식론唯識論』의 말이다.

164 사위四位는 『섭대승론攝大乘論』의 말이니 四住의 住 자는 位 자의 잘못이니 四位이다.

165 십이주十二住는 『유가론瑜伽論』 四十七卷이다.

166 십삼주十三住는 『유가론』 四十七卷과 『현양론顯揚論』 第七卷이다.

167 십삼법사十三法師는 『인왕경人王經』 下卷이다.

168 오인五忍은 『인왕경』 上卷이다.

169 住 자는 位 자의 잘못으로 고쳤다. 북장경에는 位 자로 되어 있다.

170 사십이현성四十二賢聖은 『영락경』이다.

171 육종성六種性은 『영락경』이다.

172 원문에 제구중第九中에 함어능가등含於楞伽等이라고 한 것은 영인본 화엄 5권, p.619, 六種性說中疏文에 若依楞伽等인댄 無復地位라고 鈔文에 依

이상에 모두 가리킨 것은 앞의 십주품에서 말한 것과 같다.

疏

第五에 行法差別者는 行隨位別하며 亦有圓融과 及寄法差別하니 若對前敎인댄 亦成四句리니 準位應知리라 有以十向으로 配於十度호대 隨勝受名이니 雖位位所迴가 皆具諸度나 以名收之라하니 亦有理在니라

제 다섯 번째 행법이 차별하다고 한 것은 행이 지위를 따라 다르며 또한 원융과 그리고 기법寄法이 차별함이 있는 것이니,
만약 앞의 모든 교[173]를 상대한다면 또한 네 구절을 이룰 것이니 지위를 기준한다면 응당 알 수가 있을 것이다.

楞伽等者는 此非立位일새 不別爲門이나 而欲成五敎일새 故此附出이니 以十門中에(定位十義中) 前四는 始敎요 次五는 終敎요 此楞伽는 當頓敎요 十은 卽圓敎니 小는 非大位일새 略不論이라하니라. 즉 제 아홉 번째 육종성 가운데 『능가경』의 다시 차제 지위가 없다고 한 것을 포함한다고 한 것은 영인본 화엄 5책, p.619 육종성 설명 가운데 소문에 만약 『능가경』 등을 의지한다면 다시 지위가 없다 하고 초문에 『능가경』 등을 의지한다고 한 것은 여기는 지위를 세우지 않기에 따로 문門을 삼지 않았지만 오교를 이루고자 하였기에 그런 까닭으로 여기에 부출附出한 것이니 십문十門 가운데 (定位十義中) 앞에 사문四門은 시교이고 다음에 오문五門은 종교이고 여기 『능가경』은 돈교에 해당하고 제십문第十門은 곧 원교이니 소위小位는 대위大位가 아니기에 생략하고 논하지 않는다 하였다.

173 원문에 전교前敎는 영인본 화엄 7책, p.481, 1행을 참고하라.

어떤 사람[174]은 십회향으로써 십바라밀에 배속하되 수승한 것을
따라 이름을 받은 것이니,[175]
비록 지위 지위마다 회향하는 바가 다 모든 바라밀을 갖추었지만
이름으로써 섭수한다 하였으니
또한 정한 이치가 있는 것은 아니다.

鈔

第五行法差別中에 先은 正釋圓融이니 則一迴向行이 具攝諸迴向
行이요 二는 行布니 如向所釋의 別名義中하니라 有以十向으로 配於
十度者는 卽北京李長者意라 以名收之니 亦有理在者는 一에 救護
衆生離衆生相은 似施요 二에 不壞는 似戒요 三에 等佛은 似忍이요
四에 至一切處는 似進이니 進故周遍이요 五에 無盡功德藏은 似禪이
니 禪攝德故요 六에 隨順堅固는 順般若故요 七에 等隨順衆生은 同方
便故요 八에 眞如相은 似大願故요 九에 無縛著은 似力故요 十에 法界
無量은 似智入故라 欲顯多途인댄 不壞行布니 四十位中에 多分相似
일새 故爲此收하니라 而一一位中에 多列諸度하며 又如第六에 廣說
於施일새 故非正義니 故云亦有理在라하니라

제 다섯 번째 행법이 차별하다고 한 가운데 먼저는 원융을 바로

---

174 원문에 유인有人은 통현장자通玄長者이다.
175 원문에 수승수명隨勝受名이라고 한 것은 第一에 구호중생회향救護衆生回向은
   보시布施가 가장 승묘하기에 보시布施에 배속한 등등이다.

해석한[176] 것이니,

곧 한 회향의 행이 모든 회향의 행을 갖추어 섭수한 것이요

두 번째는 행포行布를 해석한 것이니,

향래에 해석한 바 별시명상別示名相의 뜻 가운데[177] 말한 것과 같다.

어떤 사람은 십회향으로써 십바라밀에 배속하였다고 한 것은 곧

북경에 이통현 장자[178]의 뜻이다.

이름으로써 섭수한다 하였으니 또한 정한 이치가 있는 것은 아니다

고 한 것은 첫 번째 중생을 구호하지만 중생의 모습을 떠나는 회향은

보시와 같은 것이요

두 번째 무너지지 않는 회향은 지계와 같은 것이요

세 번째 부처님과 같은 회향은 인욕과 같은 것이요

네 번째 일체 처소에 이르는 회향은 정진과 같나니,

---

176 원문에 선先은 정석正釋"이니" 토이니 아래 서술한 이설異說을 상대한 까닭이
   다. 정석 가운데 처음에는 원융이요 두 번째는 행포이다. 역시 『잡화기』의
   말이나 나는 번역한 것처럼 원융"이니" 토로 보았다.

177 원문에 별명의중別名義中이라고 한 것은 영인본 화엄 7책, p.466, 9행에
   별시명상別示名相으로 십회향十回向을 열거한 것이다.

178 원문에 북경이장자北京李長者는 당唐 현종玄宗의 아들이다. 이름은 통현通玄
   이다. 매일 잣나무 잎 떡을 하나 먹고 대추 10개를 먹었다 한다. 혹은 대추
   하나, 잣 하나를 먹었다고도 한다. 그래서 호號를 조백대사棗柏大士라 한다
   하였다. 이장자李長者는 『화엄론華嚴論』四十卷을 지었는데, 논論을 지을
   때에 천공天供을 받아먹었다고 한다. 중국의 송宋나라 계환戒環스님과 우리
   나라 고려 보조국사가 저 논을 많이 인용하였다.

정진하는 까닭으로 두루하는 것이요

다섯 번째 끝이 없는 공덕 창고의 회향은 선정과 같나니,

선정이 공덕을 섭수하는 까닭이요

여섯 번째 견고함을 수순하는[179] 회향은 반야를 수순하는 까닭이요

일곱 번째 중생을 평등하게 따르는 회향은 방편과 같은 까닭이요

여덟 번째 진여의 모습에 합하는 회향은 큰 서원과 같은 까닭이요

아홉 번째 속박도 없고 집착도 없는 회향은 힘과 같은 까닭이요

열 번째 법계에 들어가는 회향은 지혜에 들어가는 것과 같은 까닭이다.

수많은 길을 나타내고자 한다면 행포行布를 무너뜨릴 수 없나니,

사십위四十位 가운데 상사한 것이 다분하기에[180] 그런 까닭으로 여기 십회향에서 섭수하는 것이다.

그러나 낱낱 지위 가운데 다분히 십바라밀을 열거하며

또 제 여섯 번째 보시를 널리 설한 것과 같기에 그런 까닭으로 정의正義[181]는 아니니,

그런 까닭으로 말하기를 또한 정한 이치가 있는 것은 아니다 하였다.

---

179 원문에 수순견고隨順堅固라고 한 것은 영인본 화엄 7책, p.467, 1행에는 六者는 入一切平等善根迴向이라 하였다.

180 원문에 사십위중다분상사四十位中多分相似라고 한 것은 사십위四十位가 모두 다 다분히 십바라밀十波羅蜜과 같은 까닭으로 지금 여기에 십회향十迴向을 잡아서 십바라밀에 배속한 것이다. 역시 『잡화기』의 말이다.

181 원문에 비정의非正義라고 한 것은 통현장자通玄長者의 뜻으로 보면 제육회향 第六迴向은 제육반야第六般若에 배속되어야 옳지만, 제육회향第六迴向에 보시布施에 대한 말이 광다廣多하기에 정의正義는 아니라는 것이다.

經

佛子야 是爲菩薩摩訶薩의 十種迴向이니 過去未來現在諸佛이
已說當說今說하시니라

불자여, 이것이 보살마하살의 열 가지 회향이 되는 것이니,
과거와 미래와 현재의 모든 부처님이 이미 설하였고 당래에 설할
것이고 지금에 설하십니다.

疏

四는 結數引證이니 可知라

네 번째는 회향의 수를 맺고[182] 이끌어 증거한 것이니
가히 알 수가 있을 것이다.

---

182 원문에 결수結數는 십종회향十種回向까지이고, 인증引證은 과거過去 이하이다.

經

佛子야 云何爲菩薩摩訶薩의 救護一切衆生호대 離衆生相迴向고

불자여, 어떤 것이 보살마하살이 일체중생을 구호하지만 중생의
모습을 떠난 회향이 되는가.

疏

第五에 佛子云何下는 說分이라 說十迴向에 即爲十段하리니 一一
段中에 皆先長行이요 後明偈頌이라 長行中各二니 初位行이요 後
位果라 有不具者는 至文當知하리라 位行中各三이니 初는 牒名徵
起요 二는 依徵廣釋이요 三은 依釋結名이니 文處可見이리라 今初
迴向文엔 缺位果니라 於位行中에 先牒名者는 具如本分하니라 又
本業云호대 常以無相心中에 常行六道하야 而入果報하야 不受而
受諸受하며 迴易轉化할새 故名救護等이라하니라

제 다섯 번째 불자여, 어떤 것이라고 한 아래는 설분이다.
십회향을 설함에 십단으로 하리니,
낱낱 단락 가운데 다 먼저는 장행을 밝힌 것이요
뒤에는 게송을 밝힌 것이다.
장행 가운데 각각 두 가지가 있나니
처음에는 지위의 행이요

뒤에는 지위의 결과이다.

갖추지 못한 것이 있는 것은 경문에 이르러 마땅히 알게 될 것이다.

지위의 행 가운데 각각 세 가지가 있나니

처음에는 이름을 첩석하여 물음을 일으킨 것이요

두 번째는 물음을 의지하여 널리 해석한 것이요

세 번째는 해석을 의지하여[183] 이름을 맺는 것이니,

문처文處에서 가히 볼 수 있을 것이다.

지금 처음 회향의 경문에는 지위의 결과가 빠졌다.

지위의 행 가운데 먼저는 이름을 첩석하였다고 한 것은 본분[184]에서 갖추어 설한 것과 같다.

또『본업경』에 말하기를 항상 모습이 없는 마음 가운데 항상 육도에 가서 과보를 받아들여 받지 않지만 제수諸受[185]를 받으며, 도리어 바꾸어 전전히 변화하기에 그런 까닭으로 이름을 일체중생을 구호하는 등이다 하였다.

鈔

又本業云下는 初標以空涉有니 卽先은 明離衆生相이요 後는 救護衆生也니라 言不受而受諸受者는 受卽五陰과 及與六受니 由了無相

---

183 원문에 三에 의석결명依釋結名은 영인본 화엄 7책, p.548, 8행이다.

184 본분本分은 영인본 화엄 7책, p.463, 6행이다.

185 제수諸受는 육수六受이니 초문에 있다.

故로 不受諸法이나 爲物現在에 見聞覺知할새 故而受也며 又已超五
陰이나 現生之陰也니라 故淨名云호대 以無所受나 而受諸受하며 未
具佛法이나 亦不滅受하고 而取證也라하니라 迴易轉化者는 救護非
一故니라

또 『본업경』에 말하였다고 한 아래는 처음에 공으로써 유有를 간섭하
는 것을 표한 것이니,
곧 먼저는 중생의 모습을 떠난 것을 밝힌 것이요
뒤에는 중생을 구호하는 것을 밝힌 것이다.

받지 않지만 제수를 받는다고 말한 것은 제수는 곧 오음과 그리고
육수六受[186]이니,
모습이 없는 줄 요달함을 인유한 까닭으로 모든 법을 받지 않지만
중생을 위하여 현재 보고 듣고[187] 깨달아 알기에 그런 까닭으로
받는 것이며
또 이미 오음을 초월하였지만 현재 오음을 생기하는 것이다.
그런 까닭으로 『정명경』[188]에 말하기를 받을 바가 없지만 제수를

---

186 육수六受는 육근六根으로 받는 고수苦受, 낙수樂受, 사수捨受의 느낌 감각,
   즉 감수感受이니 안촉수眼觸受, 이촉수耳觸受, 비촉수鼻觸受, 설촉수舌觸受,
   신촉수身觸受, 의촉수意觸受이다.

187 원문에 견문見聞은 칠식七識의 견문見聞이다.

188 淨名經은 文殊師利問疾品이니, 得是平等하면 無有餘病이나 唯有空病이니
   空病亦空일새 是有疾菩薩은 以無所受나 而受諸受하며 未具佛法이나 亦不

받으며, 아직 불법을 갖추지 못했지만 또한 받는 것을 없애고 증득할 것을 취하지는 않는다[189] 하였다.

도리어 바꾸어 전전히 변화한다고 한 것은 구호하는 것이 하나가 아닌 까닭이다.

滅受하고 而取證也라하니라. 즉 『정명경』은 문수사리문질품이니 이 평등을 얻으면 나머지 병은 없을 것이지만 오직 공병空病은 남아 있나니 이 공병도 또한 공이기에 병이 있는 보살은 <u>받을 바가 없지만 제수를 받으며 불법을 갖추지 못했지만 또한 받을 것을 없애고 증득할 것을 취하지는 않는다</u> 하였다.

189 원문에 미구불법未具佛法이나 역불멸수亦不滅受 운운은 저 성문聲聞은 아직 불법佛法을 갖추지 못한 까닭으로 받을 것을 없애고 증득할 것을 취하지만, 그러나 지금에 보살菩薩은 중생衆生을 구호하기 위한 까닭으로 받을 것을 없애고 증득할 것을 취하지 않고 제수諸受를 받는 것이다. 즉 자리自利의 일이 설사 구족되지 않았지만 받을 것을 없애고 증득할 것을 취하지 않는 것은 중생을 구호하기 위한 이타利他에 뿌리를 두기 때문이다. 『잡화기』에 말하기를 불법을 갖추지 못했다고 한 등은 자리自利의 일이 설사 구족되지 않았지만 가히 받을 것을 없애고 증득할 것을 취하지 아니함을 말하는 것이다 하였다.

經

佛子야 此菩薩摩訶薩이 行檀波羅蜜하며 淨尸波羅蜜하며 修羼
提波羅蜜하며 起精進波羅蜜하며 入禪波羅蜜하며 住般若波羅
蜜하며 大慈大悲와 大喜大捨로 修如是等無量善根하나니라

불자여, 이 보살마하살이 보시바라밀을 행하며
지계바라밀을 청정하게 하며
인욕바라밀을 닦으며
정진바라밀을 일으키며
선정바라밀에 들어가며
지혜바라밀에 머무르며
대자와 대비와 대희와 대사로 이와 같은 등 한량없는 선근을 닦습
니다.

疏

二에 廣釋中二니 先은 明所迴善根이요 後에 修善根時下는 正明
迴向이라 今初에 古人名此하야 以爲行體어니와 若順前名인댄 救
護衆生은 是悲요 離衆生相은 爲智니 則以悲智로 爲其行體니라
以是初行故로 將總體하야 以爲別體어니와 若以爲欲迴向故로 修
諸善根인댄 卽彼善根도 亦得稱體리니 古義依此니라

두 번째 널리 해석하는 가운데 두 가지가 있나니

먼저는 회향할 바 선근을 밝힌 것이요

뒤에 선근을 닦을 때라고 한 아래는 바로 회향을 밝힌 것이다.

지금은 처음으로 옛날 사람[190]이 이 육바라밀을 이름하여 행의 자체를 삼았거니와 만약 앞의 이름[191]을 따른다면 중생을 구호한다고 한 것은 이것은 자비요

중생의 모습을 떠난다고 한 것은 지혜가 되나니

곧 자비와 지혜로써 그 행의 자체를 삼는 것이다.

이것은 처음 회향의 행인 까닭으로 총체[192]를 가져 별체[193]를 삼았거니와 만약 회향하고자 하는 까닭으로 모든 선근을 닦는다면 곧 저 선근[194]도 또한 자체에 칭합함을 얻을 것이니,

옛날 사람의 뜻이 이것을 의지한 것이다.

---

190 원문에 古人은 賢首니 探玄記 第七卷에 初回向中二니 先擧行體니 謂此菩薩의 所行六度와 四無量等의 諸善根 운운하였다. 즉 옛날 사람은 현수스님이니 『탐현기』 제칠권에 처음 회향 가운데 두 가지가 있나니 먼저는 행의 자체를 거론한 것이니 말하자면 이 보살이 행할 바 육바라밀과 사무량심 등 모든 선근이라 운운하였다.

191 원문에 前名이란, 영인본 화엄 7책, p.468, 1행에 十回向名中에 第一回向이다.

192 총체總體는 제일회향第一回向이다.

193 별체別體는 육바라밀六波羅蜜이다.

194 원문에 피선근彼善根이라고 한 것은 육바라밀六波羅蜜과 사무량심四無量心 등이다.

鈔

以是初行下는 通妨이니 妨云호대 何以將總體하야 爲別體고하니라

이것은 처음 회향의 행인 까닭이라고 한 아래는 방해함을 통석한
것이니,
방해하여 말하기를 무슨 까닭으로 총체를 가져 별체를[195] 삼는다
하는가 하였다.

---

195 원문 별체別體 아래에 약이위욕하若以爲欲下는 종수고의縱收古義라는 말이
북장경北藏經에는 있다.

經

修善根時에 作是念言호대 願此善根으로 普能饒益一切衆生하며 皆使淸淨하야 至於究竟하야 永離地獄餓鬼畜生과 閻羅王等의 無量苦惱케호리라하니라

선근을 닦을 때에 이와 같은 생각을 하여 말하기를 원컨대 이 선근으로 널리 능히 일체중생을 요익케 하며
다 하여금 청정케 하여 구경에 이르러 영원히 지옥과 아귀와 축생과 염라대왕 등의 한량없는 고뇌를 떠나게 할 것이다 하였습니다.

疏

後에 正明迴向中二니 先은 明隨相迴向이요 後에 我應如日下는 明離相迴向이라 前은 卽迴向衆生과 及與菩提니 釋救護衆生이요 後는 卽迴向實際니 釋離衆生相이라 前中二니 先은 總明令物離苦하야 至究竟菩提니 卽雙明慈悲와 及二迴向이라

뒤에 바로 회향을 밝히는 가운데 두 가지가 있나니
먼저는 모습을 따르는 회향을 밝힌 것이요
뒤[196]에 내가 응당 태양이 널리 일체를 비추지만 은혜에 보답함을 구하지 않는 것과 같다고 한 아래는 모습을 떠난 회향을 밝힌 것이다.

---

[196] 원문에 後란, 영인본 화엄 7책, p.524, 1행이다.

앞에는 곧 중생과 그리고 보리에 회향하는 것이니,
중생을 구호한다고 한 것을 해석한 것이요
뒤에는 곧 실제에 회향하는 것이니,
중생의 모습을 떠난다고 한 것을 해석한 것이다.

앞의 중생과 보리에 회향한다고 한 가운데 두 가지가 있나니
먼저는 중생으로 하여금 고통을 떠나 구경의 보리에 이르게 함을
한꺼번에 밝힌 것이니,
곧 자비와 그리고 두 가지 회향[197]을 함께 밝힌 것이다.

---

197 원문에 二回向은 중생衆生과 보리菩提이다.

經

菩薩摩訶薩이 種善根時에 以己善根으로 如是迴向호대

보살마하살이 선근을 심을 때에 자기의 선근으로써 이와 같이
회향하되

疏

後에 菩薩摩訶薩下는 別顯이라 文分爲四리니 一은 利樂救護요
二에 佛子菩薩이 於非親友下는 受惱救護요 三에 佛子菩薩이 見
諸衆生下는 代苦救護요 四에 佛子菩薩이 以諸善根으로 正迴向
下는 迴拔救護라 初中三이니 一은 總標요 二에 我當下는 別顯이요
三에 佛子下는 總結이라 今初니 晉엔 無菩薩等言하고 而有復作是
念之語하니 彌顯前已迴向이라

뒤에 보살마하살이라고 한 아래는 따로 나타낸 것이다.
경문을 나누어 네 가지로 하리니
첫 번째는 이롭고 즐겁게 하여 구호하는 것이요
두 번째 불자여, 보살이 친우가 아닌 사람에게라고 한 아래는 고뇌를
받아 구호하는 것이요
세 번째[198] 불자여, 보살이 모든 중생이 악업을 짓는 것을 본다고

---

198 세 번째 운운은 영인본 화엄 7책, p.503, 9행이다.

한 아래는 고통을 대신하여 구호하는 것이요
네 번째 불자여, 보살이 모든 선근으로써 바로 회향한다고 한 아래는
멀리 빼내어 구호하는 것이다.

처음 가운데 세 가지가 있나니
첫 번째는 한꺼번에 표한 것이요
두 번째 내가 마땅히라고 한 아래는 따로 나타낸 것이요
세 번째 불자라고 한 아래는 모두 맺는 것이다.
지금은 처음으로 진역晉譯에는 보살이라고 한 등의 말은 없고 다시
이와 같은 생각을 짓는다고 한(復作是念) 말이 있나니,
앞에 이미 회향한 것을 두루 나타내는 것이다.[199]

---

199 원문에 미현전이회향彌顯前已迴向이라고 한 것은 진경晉經을 위주爲主로
  한다면 부작시념復作是念 이전에 이미 초회향初回向을 나타내었고, 부작시념
  復作是念이라 한 것은 또다시 회향을 나타내는 것이다. 『잡화기』에는 前文에
  는 회향이라는 말이 없고, 수文에 비로소 그 회향이라는 말이 있는 것으로써
  회향이 아니라 말할까 염려하기에 여기에 다시 이와 같은 생각을 짓는다는
  말을 일으켰을 뿐이다 하였다.

經

我當爲一切衆生作舍하리니 令免一切諸苦事故며 爲一切衆生
作護하리니 悉令解脫諸煩惱故며 爲一切衆生作歸하리니 皆令
得離諸怖畏故며 爲一切衆生作趣하리니 令得至於一切智故며
爲一切衆生作安하리니 令得究竟安隱處故며 爲一切衆生作明
하리니 令得智光滅癡暗故며 爲一切衆生作炬하리니 破彼一切
無明闇故며 爲一切衆生作燈하리니 令住究竟淸淨處故며 爲一
切衆生作導師하리니 引其令入眞實法故며 爲一切衆生作大導
師하리니 與其無礙大智慧故니라

내가 마땅히 일체중생을 위하여 집을 지으리니 하여금 일체 모든
괴로운 일을 면하게 하려는 까닭이며

일체중생을 위하여 구호할 곳을 지으리니 다 하여금 모든 번뇌에서
해탈케 하려는 까닭이며

일체중생을 위하여 귀의할 곳을 지으리니 다 하여금 모든 두려움에
서 떠남을 얻게 하려는 까닭이며

일체중생을 위하여 나아갈 곳을 지으리니 하여금 일체 지혜에
이름을 얻게 하려는 까닭이며

일체중생을 위하여 편안한 곳을 지으리니 하여금 구경에 안은한
곳을 얻게 하려는 까닭이며

일체중생을 위하여 밝은 곳을 지으리니 하여금 지혜의 광명을
얻어 어리석음의 어둠을 소멸하게 하려는 까닭이며

일체중생을 위하여 햇불을 지으리니 저 일체 무명의 어둠을 무너뜨
리려는 까닭이며

일체중생을 위하여 등불을 지으리니 하여금 구경에 청정한 곳에
머물게 하려는 까닭이며

일체중생을 위하여 도사를 지으리니 그 중생을 인도하여 하여금
진실한 법에 들어가게 하려는 까닭이며

일체중생을 위하여 대도사를 지으리니 그 중생에게 걸림 없는
큰 지혜를 주려는 까닭입니다.

疏

二에 別顯中에 文有十句하니 初는 離苦果요 二는 離苦因이요 三은
通因果라 五怖畏中에 含三道故니 上三은 通於深淺이라 後七은
唯約究竟이니 四는 得菩提요 五는 得涅槃이요 六은 滅煩惱之源이
니 根本不覺이라 若滅此者인댄 如天之大明하리라 七은 滅所知之
闇이니 故云一切無明이라하니 卽觸事不了者니라 若滅於此인댄
如人執炬하야 委悉而照하나라 八은 令得解脫이니 故涅槃云호대
澄渟淸淨이 卽眞解脫이라하나라 已脫重昏일새 故云燈也라하나라
九는 令證法身이니 故言眞法이라하나라 十은 令成般若니 無二礙
智며 亦是權實의 無礙之智니라

두 번째 따로 나타내는 가운데 경문이 열 구절이 있나니
처음 구절은 괴로움의 과보를 떠나는 것이요

두 번째 구절은 괴로움의 원인을 떠나는 것이요
세 번째 구절은 인과에 통하는 것이다.
다섯 가지 두려움[200] 가운데 삼도를 포함하고 있는 까닭이니,
위에 세 구절은 깊고 얕음에 통하는 것이다.

뒤에 일곱 구절은 오직 구경究竟만을 잡은 것이니
네 번째 구절은 보리를 얻은 것이요
다섯 번째 구절은 열반을 얻은 것이요
여섯 번째 구절은 번뇌장의 근원을 제멸하는 것이니 근본불각이다.
만약 이것을 제멸한다면 하늘의 큰 광명과 같을 것이다.
일곱 번째 구절은 소지장의 어둠을 제멸하는 것이니
그런 까닭으로 일체무명이다 하였으니,
곧 닿는 일마다 알지 못하는 것이다.
만약 이것을 제멸한다면 마치 어떤 사람이 횃불을 잡고 자세히
비추는 것과 같을 것이다.
여덟 번째 구절은 하여금 해탈을 얻게 하는 것이니,
그런 까닭으로 『열반경』에 말하기를 맑고 깨끗한 것이 곧 진정한
해탈이다 하였다.
이미 겹겹의 어둠에서 벗어났기에 그런 까닭으로 말하기를 등불이다
하였다.

---

200 원문에 오포외五怖畏는 이미 자주 말한 것처럼 불활외不活畏와 악명외惡名畏
와 사외死畏와 악도외惡道畏와 대중위덕외大衆威德畏이다.

아홉 번째 구절은 하여금 법신을 증득케 하는 것이니,
그런 까닭으로 말하기를 진실한 법이다 하였다.
열 번째 구절은 하여금 반야를 이루게 하는 것이니,
두 가지 걸림이 없는 지혜이며 또한 방편과 진실이 걸림이 없는
지혜이다.

鈔

五怖畏中에 含三道者는 惡道怖畏는 苦也요 惡名은 是煩惱요 大衆
威德은 是業이라 若擧其因인댄 五皆煩惱요 又死及不活은 煩惱로
爲因이요 餘少功德은 卽是業也라 根本不覺者는 卽起信文이니 卽最
初無明이라

다섯 가지 두려움 가운데 삼도를 포함하고 있다고 한 것은 악도의
두려움[201]은 고통(苦)이요
악명의 두려움은 번뇌[202]요
대중의 위덕의 두려움은 업이다.
만약 그 원인을 거론한다면[203] 다섯 가지 두려움이 다 번뇌요

---

201 악도의 두려움이라고 한 것은 이것은 다만 세 가지 두려운 것만 잡아서
　　세 가지 잡염雜染에 배속한 것이니, 곧 두려움의 모습을 분별한 것이다고
　　『잡화기』는 말한다.
202 번뇌煩惱는 惑이다.
203 만약 그 원인을 거론한다면이라고 한 아래는 다섯 가지 두려움을 모두
　　잡아서 그 원인을 분별하는 것이니 그 원인에 두 가지가 있다. 첫 번째는

또 죽음의 두려움과 그리고 불활不活의 두려움은 번뇌로 원인을
삼는 것이요
나머지 적은 공덕²⁰⁴은 곧 업이다.

근본불각이라고 한 것은 곧 『기신론』의 글이니,
곧 최초 무명이다.

삿된 지혜로 허망하게 취하게 하는 것이요, 두 번째는 선근이 적은 것이다.
지금 가운데는 먼저 통상通相을 잡았기에 번뇌로써 모두 다섯 가지 원인을
삼았나니 곧 번뇌의 잡염이다. 또 죽음의 두려움이라고 한 아래는 두려움의
모습을 잡아 나타내기에 번뇌로써 죽음의 두려움과 불활不活의 두려움의
두 가지 원인을 삼고, 선근의 적은 것으로써 나머지 세 가지 두려움의
원인을 삼나니, 이것은 번뇌와 업의 두 가지 잡염에 통하는 것이다. 자세한
것은 출자권出字卷 92장, 하下와 그리고 『대명법수』 21권, 25장을 볼 것이다.
이상은 다 『잡화기』의 말이다.

204 원문에 여소공덕餘少功德이라고 한 것은 功德善根少는 畏隨惡道요 智慧善根
少는 畏大衆威德이라. 즉 나머지 적은 공덕이라고 한 것은 공덕의 선근이
적은 이는 악도에 떨어질 것을 두려워하고 지혜의 선근이 적은 이는 대중의
위덕을 두려워한다는 것이다. 이 말은 출자권出字卷 83장 上 6행 92장 下
7행 鈔文에 있다. 그리고 『대명법수大明法數』 21권 25장에도 있다.

経

佛子야 菩薩摩訶薩이 以諸善根으로 如是迴向하야 平等饒益一切衆生하고 究竟皆令得一切智하니라

불자여, 보살마하살이 모든 선근으로써 이와 같이 회향하여 일체 중생을 평등하게 요익하고 구경에 다 하여금 일체 지혜를 얻게 합니다.

疏

三結中에 以前十句가 有通淺深일새 故令究竟에 得一大事니라

세 번째 맺는 가운데 앞에 열 구절이 얕고 깊음에 통함이 있기에 그런 까닭으로 하여금 구경에 일대사를 얻게 하는 것이다.

鈔

一大事義는 已如初會하니라

일대사의 뜻은 이미 초회에 설한 것과 같다.[205]

---

205 원문에 一大事義는 已如初會라고 한 것은 초회십권初會十卷 가운데 일대사一大事를 해석한 곳은 없고, 『현담玄談』 지자권地字卷 가운데 일대사一大事를 해석한 곳이 있으니, 초회初會란 會 자가 卷 자가 아닌가 한다. 만약 卷 자라면 『현담』 八卷이 다 疏의 卷數로는 初卷이기에 문제가 없다 할 것이다.

經

佛子야 菩薩摩訶薩이 於非親友에 守護迴向호대 與其親友로 等
無差別하나니 何以故오 菩薩摩訶薩이 入一切法平等性故로 不
於衆生에 而起一念도 非親友想하니라 設有衆生이 於菩薩所에
起怨害心이라도 菩薩은 亦以慈眼視之하야 終無恚怒하고 普爲
衆生하야 作善知識하야 演說正法하야 令其修習케하니라

불자여, 보살마하살이 친한 벗이 아님에도 수호하고 회향하되
그 친한 벗으로 더불어 같이 하여 차별이 없게 하나니
무슨 까닭인가.
보살마하살이 일체법의 평등한 자성에 들어간 까닭으로 중생에게
한 생각도 친한 벗이 아니라고 하는 생각을 내지 않습니다.
설사 어떤 사람이 보살의 처소에서 원수로 해치려는 마음을 일으킬
지라도 보살은 또한 자비의 눈으로써 보아 마침내 성냄이 없고
널리 중생을 위하여 선지식을 지어 정법을 연설하여 그들로 하여금
닦아 익히게 합니다.

疏

第二에 受惱救護中二니 先은 明受惱之相이요 後에 佛子야 菩薩
摩訶薩이 以諸佛法下는 明迴向之相이라 前中亦二니 先法後喩
라 法中에 有標徵釋하니 可知라

제 두 번째 고뇌를 받아 구호하는 가운데 두 가지가 있나니,
먼저는 고뇌를 받는 모습을 밝힌 것이요
뒤에 불자여, 보살마하살이 모든 불법이라고 한 아래는 회향의
모습을 밝힌 것이다.
앞의 고뇌를 받는 모습 가운데 또한 두 가지가 있나니
먼저는 법이요
뒤에는 비유이다.
법 가운데 표하고 묻고 해석한 것이 있나니
가히 알 수가[206] 있을 것이다.

---

206 원문에 가지可知라고 한 것은 경문經文에 하이고何以故 이상은 표標이고,
하이고何以故는 징徵이고, 하이고何以故 이하는 석釋이다.

經

譬如大海를 一切衆毒이 不能變壞인달하야 菩薩亦爾하야 一切
愚蒙이 無有智慧하야 不知恩德하고 瞋狠頑毒하야 憍慢自大하
며 其心盲瞽하야 不識善法한 如是等類의 諸惡衆生이 種種逼惱
라도 無能動亂하니라

비유하자면 큰 바다를 일체 수많은 독약이 능히 변하여 무너뜨리게
할 수 없는 것과 같아서
보살도 또한 이와 같아서 일체 어리석은 사람이 지혜가 없어서
은덕을 알지 못하고 성내고 소리 지르고[207] 둔하고 독하여 교만이
스스로 크며 그 마음이 눈멀어 선법을 알지 못한 이와 같은 등
유형의 모든 악한 중생이 가지가지로 핍박하여 뇌롭게 할지라도
능히 동요하거나 산란함이 없습니다.

疏

後喩中에 有二喩하니 先은 大海不變喩니 喩遇惡緣하야도 不變本
心이라 海는 喩菩薩의 器量大故요 衆毒은 喩惡衆生이요 不變은
喩菩薩不亂이라

뒤에 비유 가운데 두 가지 비유가 있나니,

---

207 狠은 '개 싸우는 소리 한' 자이다.

먼저는 큰 바다가 변하지 않는 비유이니
악연을 만나도 본심을 변하지 않는 데 비유한 것이다.

바다라고 한 것은 보살의 기량이 큰 것에 비유한 까닭이요
수많은 독이라고 한 것은 악한 중생에게 비유한 것이요
변하지 않는다고 한 것은 보살의 산란하지 아니함에 비유한 것이다.

經

譬如日天子가 出現世間호대 不以生盲不見故로 隱而不現하며
又復不以乾闥婆城과 阿脩羅手와 閻浮提樹와 崇巖邃谷과 塵霧
煙雲인 如是等物之所覆障故로 隱而不現하며 亦復不以時節變
改故로 隱而不現인달하야

비유하자면 일천자日天子가 세간에 출현하되 생맹이 보지 못하는
까닭으로 숨고 나타나지 않는 것이 아니며
또 다시 건발다의 성과 아수라의 손과 염부제의 나무와 높은 바
위와 깊은 계곡과 먼지와 안개와 연기와 구름인 이와 같은 등
만물이 덮어 장애하는 바인 까닭으로 숨고 나타나지 않는 것이
아니며
또한 다시 시절이 변하여 바뀌는 까닭으로 숨고 나타나지 않는
것이 아닌 것과 같아서

疏

二는 日輪普照喻니 喻遇惡不息利益이라 於中三이니 初喻요 次合
이요 後徵釋이라 喻中略有其二하니 先은 日輪具德이요 後는 遇緣
不息이니 有十一惡緣이라

두 번째는 태양이 널리 비추는 비유이니,
악연을 만나도 이익케 함을 쉬지 아니함에 비유한 것이다.

그 가운데 세 가지가 있나니
처음에는 비유요
다음에는 법합이요
뒤에는 묻고 해석한 것이다.

비유 가운데 간략하게 두 가지가 있나니
먼저는 태양이 공덕을 갖춘 것이요
뒤에는 악연을 만나도 쉬지 않는 것이니
열한 가지 악연[208]이 있다.

---

208 원문에 십일악연十一惡緣은 생맹生盲과 건달바乾闥婆 등 九와 시절변개時節變
改이다.

經

菩薩摩訶薩도 亦復如是하야 有大福德하며 其心深廣하며 正念
觀察하며 無有退屈하며 爲欲究竟功德智慧하며 於上勝法에 心
生志欲하며 法光普照하야 見一切義하며 於諸法門에 智慧自在
하며 常爲利益一切衆生하야 而修善法하며 曾不誤起捨衆生心
하며

보살마하살도 또한 다시 이와 같아서 큰 복덕이 있으며
그 마음이 깊고도 넓으며
바른 생각으로 관찰하며
물러나거나 굴복함이 없으며
공덕과 지혜를 구경까지 하고자 하며
최상의 수승한 법에 마음이 의욕을 생기하며
진리의 광명이 널리 비치어 일체 뜻을 보며
모든 법문에 지혜가 자재하며
항상 일체중생을 이익케 하기 위하여 선법을 닦으며
일찍이 잘못하여 중생을 버릴 마음을 일으키지 아니하며

疏

合中具合이라 先合具德이니 擧其十德하야 以合於日하야 影顯於
日도 亦具十德이라 一은 福德之輪已圓이요 二는 智用深廣難測이

요 三은 正念游空하야 無有高下요 四는 慈風運用하야 不退不疲요
五는 圓福智輪하야 顯照空法이요 六은 三乘山谷을 普照無私요
七은 使目觀萬像하야 了眞俗之義요 八은 使居自乘業하야 以智
成辦이요 九는 常爲利益하야 晝夜無休요 十은 無器生盲도 亦不誤
捨라

법합 가운데 갖추어 합한 것이다.
먼저는 구족한 공덕을 법합한 것이니,
그 열 가지 공덕을 들어 태양에 합하여 태양에도 또한 열 가지
공덕을 갖춘 것을 그윽이 나타낸 것이다.
첫 번째 구절은 복덕의 바퀴가 이미 원만한 것이요
두 번째 구절은 지혜의 작용이 깊고도 넓어 측량하기 어려운 것이요
세 번째 구절은 바른 생각이 공에 노닐어 높고 낮음이 없는 것이요
네 번째 구절은 자비의 바람을 운용하여 물러나지도 않고 피곤해하
지도 않는 것이요
다섯 번째 구절은 복덕과 지혜의 바퀴를 원만하게 하여 공의 법을
밝게 비추는 것이요
여섯 번째 구절은 삼승산의 계곡을 널리 비추되 사심이 없는 것이요
일곱 번째 구절은 하여금 만상을 눈으로 보아 진속의 뜻을 알게
하는 것이요
여덟 번째 구절은 하여금 자승自乘의 업에 머물러 지혜로써 이루어
갖추게 하는[209] 것이요
아홉 번째 구절은 항상 이익케 하기 위하여 주야로 쉬지 않는 것이요

열 번째 구절은 기량이 없는 생맹²¹⁰도 또한 잘못하여 버리지 않는
것이다.

鈔

一福德等者는 每句之中에 法喩具足하니 一은 如日輪圓滿은 爲喩요
法合은 卽是福德已圓이라 二는 唯智一字가 是法이요 餘通法喩라
日輪廣者는 周鐵圍故요 深者는 不分而遍等故요 難測者는 通上二
義라 六에 三乘山谷者는 十大山王은 如菩薩乘이요 黑山은 爲緣覺이
요 高原은 爲聲聞이라 谷은 兼衆生少分可生者니 餘可思準이라

첫 번째 구절은 복덕이라고 한 등은 매 구절 가운데 법과 비유를
구족하였으니
첫 번째는 태양이 원만한 것과 같은 것은 비유요
법합은 곧 복덕이 이미 원만한 것이다.
두 번째는 오직 지혜라는 한 글자만이 이 법이요
나머지는 법과 비유에 통하는 것이다.
태양이 넓다고 한 것은 철위산까지 두루한²¹¹ 까닭이요

---

209 원문에 성판成辦이라고 한 것은 지혜로써 일체법문一切法門을 성취成就하여
갖춘다는 것이다.

210 원문에 무기생맹無器生盲이라고 한 것은 날 적부터 생맹자生盲者이니, 처음부
터 법기法器가 없는 者이다.

211 원문에 일륜광자日輪廣者는 주철위周鐵圍라고 한 것은 일륜日輪의 비춤(用)이
철위산 안에 두루함을 말한 것이고, 일륜日輪의 자체(體)가 철위산에 두루함

깊다고 한 것은 나누지 않고 두루 평등한 까닭이요
측량하기 어렵다고 한 것은 위에 두 가지 뜻에 통하는 것이다.
여섯 번째 삼승산의 계곡이라고 한 것은 십대산왕은 보살승과 같은 것이요
흑산은 연각승과 같은 것이요
고원육지는 승문승과 같은 것이다.
계곡이라고 한 것은 중생으로써 소분의 선근을 가히 생기하는 이를 겸한 것이니
나머지는 가히 생각하여 기준할 것이다.

을 말한 것은 아니다. 여기서 철위산은 소철위산小鐵圍山을 말한 것으로, 일사주—四洲에 두루한다는 것이다.

經

不以衆生이 其性弊惡하고 邪見瞋濁하야 難可調伏으로 便卽棄
捨하고 不修迴向이라 但以菩薩의 大願甲胄로 而自莊嚴하고 救
護衆生호대 恒無退轉하며 不以衆生이 不知報恩으로 退菩薩行
하야 捨菩薩道하며 不以凡愚가 共同一處로 捨離一切의 如實善
根하며 不以衆生이 數起過惡하야 難可忍受로 而於彼所에 生疲
厭心하니라

중생이 그 성품이 해어져 추악하고 소견이 삿되고 성내고 혼탁하여
가히 조복하기 어려움으로 곧 버리고 회향하는 일을 닦지 않는
것이 아니라 다만 보살의 큰 서원의 갑옷과 투구로 스스로 장엄하고
중생을 구호하되 항상 물러가지 아니하며
중생이 은혜를 갚을 줄 알지 못함으로 보살의 행에 물러나 보살의
도를 버리지 아니하며
어리석은 범부가 한곳에 함께 있음으로 일체 여실한 선근을 버리지
아니하며
중생이 자주 과오를 일으켜 가히 참아 받아들이기 어려움으로
저 중생의 처소에 피곤해하거나 싫어하는 마음을 내지 않습니다.

疏

後에 不以衆生下는 合非緣不阻라 於中에 有四不以하야 其合十

一事니 初一에 不以는 通合生盲이니 先은 正合이요 後에 但以下는
反合이니 故出現品云호대 無信無解하며 毁戒毁見等이 皆名生盲
이라하나니라 若別合者인댄 弊惡은 合生盲이요 邪見은 合乾城이니
令人妄이나 謂爲實故라 瞋濁은 合修羅手니 日이 爲帝釋先鋒일새
彼瞋故覆障이라 次에 不知恩은 合閻浮樹와 崇巖邃谷이라 次에
不以凡愚下는 合前塵霧烟雲이니 以彼能遍空이 猶彼凡愚가 同
一處住나니라 後에 不以衆生數起下는 合前時節變改니 謂頻起過
惑하야 乍善乍惡이 如彼晝夜의 陰陽失度等이라

뒤에 중생이 그 성품이 해어져 추악하다고 한 아래는 인연도 없고[212]
믿음도 없는 중생에게 법합한 것이다.
그 가운데 네 가지 아니라(不以)고 한 것이 있어서 열한 가지 일에
갖추어 법합하였으니
첫 번째 아니라고 한 것은 모두 생맹에 법합한 것이니,
먼저는 바로 법합한 것이요
뒤에 다만 보살이라고 한 아래는 반대로 법합한 것이니,
그런 까닭으로 출현품에 말하기를 믿음도 없고 앎도 없으며 계도
범하고 소견도 범하는 등이 다 이름이 생맹이다 하였다.

만약 따로 법합한다면 해어져 추악하다고 한 것은 생맹에 법합한

---

212 원문에 비연非緣이라고 한 것은 악한 중생衆生을 말한다. 『잡화기』는 다만
시악고是惡故라고만 하였다. 원문에 阻 자는 '믿을 조' 자이다.

것이요

소견이 삿되다고 한 것은 건달바의 성에 법합한 것이니,

사람으로 하여금 허망한 것이지만 진실이라고 말하게 하는[213] 까닭이다.

성내고 혼탁하다고 한 것은 아수라의 손에 법합한 것이니,

일천자가 제석천왕의 선봉장이 되기에[214] 저 아수라가 성을 내는 까닭으로 덮어 막는 것이다.

다음에 은혜를 갚을 줄 알지 못한다고 한 것은 염부의 나무와 높은 바위와 깊은 계곡에 법합한 것이다.

다음에 어리석은 범부라고 한 아래는 앞에 먼지와 안개와 연기와 구름에 법합한 것이니,

저 먼지 등이 능히 허공에 두루한 것이 마치 저 어리석은 범부가 함께 한곳에 머무는 것과 같은 것이다.

뒤에 중생이 자주 과오를 일으킨다고 한 아래는 앞에 시절이 변하여 바뀜에 법합한 것이니,

말하자면 자주 과혹過惑을 일으켜 잠깐 착하기도 하고 잠깐 악하기도 한 것이 마치 저 밤낮의 음양이 법도를 잃는 등과 같은 것이다.

---

213 원문에 망위위실妄謂爲實이라고 한 것은 건달바성乾達婆城은 없는 것이지만 있는 것처럼 본다는 것이다.

214 원문에 일위제석선봉日爲帝釋先鋒이라고 한 것은 제석천왕帝釋天王이 아수라阿修羅와 싸울 때에 일천자日天子를 선봉先鋒으로 내세운다는 것이다.

經

何以故요 譬如日天子가 不但爲一事故로 出現世間인달하야

무슨 까닭인가.
비유하자면 일천자가 다만 한 가지 일만을 위한 까닭으로 세간에
출현한 것이 아닌 것과 같아서

疏

三에 何以下는 徵釋中에 先徵意云호대 何以로 惡不厭捨고 釋意
云호대 悲智均故라 文中二니 初喩後合이라

세 번째 무슨 까닭인가라고 한 아래는 묻고 해석한 가운데 먼저
묻는 뜻에 말하기를 무슨 까닭으로 악을 싫어하여 버리지 않는가.
해석한 뜻에 말하기를 자비와 지혜가 균등한 까닭이다.
경문 가운데 두 가지가 있나니
처음에는 비유요
뒤에는 법합이다.

経

菩薩摩訶薩도 亦復如是하야

보살마하살도 또한 다시 이와 같아서

疏

二에 合中二니 初는 總合이라

두 번째 법합 가운데 두 가지가 있나니
처음에는 한꺼번에 법합한 것이다.

經

不但爲一衆生故로 修諸善根하야 迴向阿耨多羅三藐三菩提라
普爲救護一切衆生故로 而修善根하야 迴向阿耨多羅三藐三菩
提하며

다만 한 중생만을 위한 까닭으로 모든 선근을 닦아 아뇩다라삼먁삼
보리에 회향하는 것이 아니라 널리 일체중생을 구호하기 위한
까닭으로 선근을 닦아 아뇩다라삼먁삼보리에 회향하며

疏

後에 不但下는 別合이라 於中二니 初는 以大悲로 合日이니 惡是其
境이라 本爲一切어니 豈獨揀於惡人이리요 如日普益거니 寧復棄
於槁木이리요

뒤에 다만 한 중생만을 위한 까닭으로 보리에 회향하는 것이 아니라
고 한 아래는 따로 법합한 것이다.

그 가운데 두 가지가 있나니
처음에는 큰 자비로써 태양에 법합한 것이니
악은 그 경계이다.
본래 일체중생을 위한 것이어니
어찌 유독 악인만 가리겠는가.

저 태양은 널리 이익케 하거니
어찌 다시 마른 나무를 버리겠는가.

經

如是不但爲淨一佛刹故며 不但爲信一佛故며 不但爲見一佛
故며 不但爲了一法故로 起大智願하야 迴向阿耨多羅三藐三菩
提라 爲普淨一切佛刹故며 普信一切諸佛故며 普承事供養一
切諸佛故며 普解一切佛法故로 發起大願하야 修諸善根하야 迴
向阿耨多羅三藐三菩提하나라

이와 같이 다만 한 부처님의 국토만 청정하게 하기 위한 것이
아닌 까닭이며
다만 한 부처님만 믿기 위한 것이 아닌 까닭이며
다만 한 부처님만 친견하기 위한 것이 아닌 까닭이며
다만 한 법만을 알기 위한 까닭으로 큰 지혜와 서원을 일으켜
아뇩다라삼먁삼보리에 회향하는 것이 아니라 널리 일체 부처님의
국토를 청정하게 하기 위한 까닭이며
널리 일체 모든 부처님을 믿기 위한 까닭이며
널리 일체 모든 부처님을 받들어 섬기고 공양하기 위한 까닭이며
널리 일체 부처님의 법을 알기 위한 까닭으로 큰 서원을 일으켜
모든 선근을 닦아 아뇩다라삼먁삼보리에 회향합니다.

疏

二에 如是已下는 以智合日이니 善惡均照故니라

두 번째 이와 같이라고 한 이하는 지혜로써 태양에 법합한 것이니,
선인과 악인을 고르게 비추는 까닭이다.

經

佛子야 菩薩摩訶薩이 以諸佛法으로 而爲所緣하야 起廣大心과 不退轉心하야 無量劫中에 修集希有難得心寶하야 與一切諸佛로 悉皆平等하며

불자여, 보살마하살이 모든 불법으로써 반연할 바를 삼아 광대한 마음과 물러나지 않는 마음을 일으켜 한량없는 세월 가운데 희유하여 얻기 어려운 마음의 보배를 닦아 익혀 일체 모든 부처님으로 더불어 다 평등하며

疏

第二에 明迴向之相中二니 先은 辨迴向之心이요 後에 佛子下는 辨迴向之願이니 前中엔 依悲智心하야 行迴向故라 於中二니 先은 緣境廣大하야 上等佛心이니 卽以圓覺의 因果之法으로 爲所緣境이라 圓明可貴일새 所以稱寶니라

제 두 번째 회향의 모습을 밝히는 가운데 두 가지가 있나니
먼저는 회향하는 마음을 분별한 것이요
뒤에 불자여,[215] 보살마하살이라고 한 아래는 회향하는 서원을 분별한 것이니,

---

[215] 뒤에 불자 운운은 영인본 화엄 7책, p.500, 3행이다.

앞의 회향하는 마음 가운데는 자비와 지혜의 마음을 의지하여 회향
을 행하는 까닭이다.

그 가운데 두 가지가 있나니
먼저는 반연할 경계가 광대하여 위로 부처님의 마음과 평등한 것이니,
곧 원각의 인과법으로써 반연할 바 경계를 삼은 것이다.
원만하게 밝아 가히 존귀하기에 그런 까닭으로 마음의 보배라 이름
하는 것이다.

經

菩薩如是觀諸善根하야 信心淸淨하며 大悲堅固할새 以甚深心
과 歡喜心과 淸淨心과 最勝心과 柔軟心과 慈悲心과 憐愍心과
攝護心과 利益心과 安樂心으로 普爲衆生하야 眞實迴向이언정
非但口言이니라

보살이 이와 같이 모든 선근을 관찰하여 믿는 마음이 청정하며
큰 자비가 견고하기에 깊고도 깊은 마음과
환희하는 마음과
청정한 마음과
가장 수승한 마음과
부드러운 마음과
자비한 마음과
어여삐 여기는 마음과
섭수하여 보호하는 마음과
이익케 하는 마음과
안락케 하는 마음으로 널리 중생을 위하여 진실로 회향할지언정
다만 입으로만 말하는 것이 아닙니다.

疏

後에 菩薩如是下는 悲成利樂하야 下救物心이라 於中에 先牒前起

後하야 生二種心이니 一은 於上等佛하야 得淨信心이요 二는 下與
衆生으로 同大悲體라 由依此二하야 成甚深等十心이니 一은 契理
故요 二는 自慶慶他故요 三은 離過故요 四는 超二乘故요 五는
定樂相應故라 餘五可知니라 普爲已下는 結其所用이니 心順口
故로 名爲眞實이라

뒤에 보살이 이와 같으리고 한 아래는 자비로 이익과 안락을 이루어
아래로 중생의 마음을 구호하는 것이다.
그 가운데 먼저는 앞에 말을 첩석하여 뒤에 말을 일으켜 두 가지
마음을 내는 것이니
첫 번째는 위로 부처님과 평등하여 청정한 신심을 얻는 것이요
두 번째는 아래로 중생으로 더불어 대비의 심체[216]가 같은 것이다.
이 두 가지 마음을 의지함을 인유하여 깊고도 깊은 등 열 가지
마음을 이루는 것이니
첫 번째는 진리에 계합한 까닭이요
두 번째는 자기도 경사롭고 다른 사람도 경사로운 까닭이요
세 번째는 허물을 떠난 까닭이요
네 번째는 이승을 초월한 까닭이요
다섯 번째는 삼매의 즐거움이 상응하는 까닭이다.
나머지 다섯 가지 마음은 가히 알 수가 있을 것이다.

---

216 원문에 體 자는 心 자가 좋을 듯하다. 두 가지 마음이라 하였으니 말이다.

널리 중생을 위한다고 한 이하는 그 마음의 작용하는 바를 맺는
것이니,
마음이 말을 따르는 까닭으로[217] 이름을 진실이라고 하는 것이다.

---

217 원문에 심순구고心順口故라고 한 것은 언행일치言行一致를 말하는 것이다.

經

佛子야 菩薩摩訶薩이 以諸善根으로 迴向之時에 作是念言호대
以我善根으로 願一切趣生하는 一切衆生이 皆得淸淨하야 功德
圓滿하며 不可沮壞하며 無有窮盡하며 常得尊重하며 正念不忘
하며 獲決定慧하며 具無量智하며 身口意業에 一切功德으로 圓
滿莊嚴하리라하며

불자여, 보살마하살이 모든 선근으로써 회향할 때에 이와 같은
생각을 하여 말하기를 나의 선근으로써 원컨대 일체 취趣에 태어나
는 일체중생이 다 청정함을 얻어 공덕이 원만하며
가히 무너뜨릴 수 없으며
다함이 없으며
항상 존중함을 얻으며
바른 생각을 잊지 아니하며
결정된 지혜를 얻으며
한량없는 지혜를 갖추며
신身·구口·의意·업業에 일체공덕으로 원만하게 장엄할 것이다 하며

疏

第二는 正辨迴向之願이라 文中二니 先願衆生으로 令成法器라

제 두 번째는 회향하는 서원을 바로 분별한 것이다.

경문 가운데 두 가지가 있나니

먼저는 원컨대 중생으로 하여금 법기를 이루게 하는 것이다.

經

又作是念호대 以此善根으로 令一切衆生으로 承事供養一切諸
佛하야 無空過者케호대

또 이와 같은 생각을 하기를 이 선근으로써 일체중생으로 하여금
일체 모든 부처님을 받들어 섬기고 공양하여 헛되이 지남이 없게
하되

疏

二에 又作下는 令得法圓滿이라 於中四니 一은 總擧遇緣得法이라

두 번째 또 이와 같은 생각을 하였다고 한 아래는 얻은 법으로
하여금 원만케 하는 것이다.
그 가운데 네 가지가 있나니
첫 번째는 인연을 만나 법을 얻는 것을 한꺼번에 거론한 것이다.

經

於諸佛所에 淨信不壞하며 聽聞正法하고 斷諸疑惑하며 憶持不
忘하고 如說修行하며 於如來所에 起恭敬心하며 身業淸淨하야
安住無量廣大善根하며 永離貧窮하야 七財滿足하며

모든 부처님의 처소에 청정한 믿음을 무너뜨리지 않으며
정법을 듣고 모든 의혹을 끊으며
기억하여 가져 잊지 않고 설한 것과 같이 수행하며
여래의 처소에 공경하는 마음을 일으키며
신업이 청정하여 한량없이 광대한 선근에 편안히 머물며
영원히 빈궁을 떠나 일곱 가지 재물이 만족하며

疏

二에 於諸佛下는 成自分德이라 滿七財者는 卽十藏前七이라

두 번째 모든 부처님의 처소라고 한 아래는 자분의 공덕을 이루는
것이다.
일곱 가지 재물이 만족하다고 한 것은 곧 십장十藏에 앞에 칠장七藏
이다.

鈔

上辨十藏에 前七者는 一信이요 二戒요 三慚이요 四愧요 五聞이요
六施요 七慧라

위에 십장을 분별한 가운데 앞에 칠장이라고 한 것은
첫 번째는 신장信藏이요
두 번째는 계장戒藏이요
세 번째는 참장慚藏이요
네 번째는 괴장愧藏이요
다섯 번째는 문장聞藏이요
여섯 번째는 시장施藏이요
일곱 번째는 혜장慧藏이다.

經

於諸佛所에 常隨修學하야 成就無量勝妙善根하며 平等悟解하
야 住一切智하며 以無礙眼으로 等視衆生하며 衆相嚴身하야 無
有玷缺하며 言音淨妙하야 功德圓滿하며 諸根調伏하고 十力成
就하며 善心滿足하야 無所依住하며

모든 부처님의 처소에 항상 따라 닦고 배워 한량없이 수승하고
묘한 선근을 성취하며
평등하게 깨달아 알아 일체 지혜에 머물며
걸림이 없는 눈으로써 평등하게 중생을 보며
수많은 모습으로 몸을 장엄하여 티도 흠도 없으며
말과 소리가 맑고 묘하여 공덕이 원만하며
제근諸根을 조복하고 십력을 성취하며
착한 마음이 만족하여 의지하여 머무는 바가 없으며

疏

三에 於諸佛所에 常隨下는 勝進德圓이라

세 번째 모든 부처님의 처소에 항상 따라 닦고 배운다고 한 아래는
승진의 공덕이 원만한 것이다.

經

令一切衆生으로 普得佛樂하며 得無量住하며 住佛所住케하리라
하니라

일체중생으로 하여금 널리 부처님의 즐거움을 얻게 하며
한량없이 머무름을 얻게 하며
부처님이 머무시는 곳에 머물게 할 것이다 하였습니다.

疏

四에 令一切下는 明得果滿이라 先標佛樂이요 下二句는 釋이니 故
第三迴向에 略明十種樂하야 謂不可思議佛所住樂等이라하니라

네 번째 일체중생으로 하여금이라고 한 아래는 불과의 만족함을
얻게 하는 것을 밝힌 것이다.
먼저는 부처님의 즐거움을 표한 것이요
아래 두 구절은 해석한 것이니,
그런 까닭으로 제 세 번째 회향[218]에 간략하게 열 가지 즐거움을
밝혀 말하기를 가히 사의할 수 없는 부처님이 머무신 바 즐거움이라
한 등이다 하였다.

---

218 원문에 第三迴向은 영인본 화엄 7책, p.590, 5행이다.

鈔

第三廻向等者는 疏文有一하야 等取餘九하니 二는 無有等比한 佛三
昧樂이요 三은 不可限量한 大慈悲樂이요 四는 一切諸佛의 解脫之樂
이요 五는 無有邊際한 大神通樂이요 六은 最極尊重하야 大自在樂이
요 七은 廣大究竟無量力樂이요 八은 離諸知覺한 寂靜之樂이요 九는
住無礙住하는 恒正定樂이요 十은 行無二行하야 不變異樂이라

제 세 번째 회향이라고 한 등은 소문에서는 한 가지만 두어 나머지
아홉 가지를 등취하였으니
두 번째는 비등할 수 없는 부처님 삼매의 즐거움이요
세 번째는 가히 한정하여 헤아릴 수 없는 큰 자비의 즐거움이요
네 번째는 일체 모든 부처님 해탈의 즐거움이요
다섯 번째는 끝이 없는 큰 신통의 즐거움이요
여섯 번째는 가장 지극히 존중하여 크게 자재한 즐거움이요
일곱 번째는 광대하여 구경에 한량이 없는 힘의 즐거움이요
여덟 번째는 모든 지각知覺을 떠난 고요한 즐거움이요
아홉 번째는 걸림이 없이 머무는 곳에 머무는 항상 바른 삼매의
즐거움이요
열 번째는 둘이 없는 행을 행하여 변하여 달라지지 않는 즐거움이다.

疏

又不思議法品에 略明十種無量住하야 謂常住大悲等이라하니라

또 부사의법품에 간략하게 열 가지 한량없는 머무름을 밝혀 말하기
를 항상 대비에 머문다 한 등이다 하였다.

鈔

又不思議法下는 疏亦有一하야 等餘하니 二는 住種種身하야 作諸佛
事요 三은 住平等意하야 轉淨法輪이요 四는 住四辯才하야 說無量法
이요 五는 住不思議一切佛法이요 六은 住淸淨音하야 遍無量土요 七
은 住不可說甚深法界요 八은 住現一切最勝神通이요 九는 住能開示
無有障礙한 究竟之法이니 減數十耳니라

또 부사의법품이라고 한 아래는 소문에 또한 한 가지만 두어 나머지
를 등취하였으니
두 번째는 가지가지 몸에 머물러 모든 불사를 짓는 것이요
세 번째는 평등한 뜻에 머물러 청정한 법륜을 전하는 것이요
네 번째는 네 가지 변재에 머물러 한량없는 법을 설하는 것이요
다섯 번째는 사의할 수 없는 일체 불법에 머무는 것이요
여섯 번째는 청정한 소리에 머물러 한량없는 국토에 두루하는 것
이요
일곱 번째는 가히 말할 수 없는 깊고도 깊은 법계에 머무는 것이요

여덟 번째는 일체 가장 수승한 신통을 나타내는 곳에 머무는 것이요
아홉 번째는 능히 장애가 없는 구경의 법을 열어 보이는 곳에 머무는
것이니,

하나가 모자라는 열 가지(減敎十)이다.

經

佛子야 菩薩摩訶薩이 見諸衆生이 造作惡業하야 受諸重苦하야
以是障故로 不見佛하며 不聞法하며 不識僧하고 便作是念호대
我當於彼諸惡道中에 代諸衆生하야 受種種苦하야 令其解脫케
하리라하고 菩薩이 如是受苦毒時에 轉更精勤하야 不捨不避하며
不驚不怖하며 不退不怯하며 無有疲厭하니라 何以故오 如其所
願하야 決欲荷負一切衆生하고 令解脫故니라

불자여, 보살마하살이 모든 중생이 악업을 지어 모든 무거운 고통
을 받아 이런 장애인 까닭으로 부처님을 보지 못하며 법을 듣지
못하며 스님을 알지 못함을 보고 곧 이와 같은 생각을 하기를
내가 마땅히 저 모든 악도 가운데 모든 중생을 대신하여 가지가지
고통을 받아 그 중생으로 하여금 해탈케 할 것이다 하고, 보살이
이와 같이 고독苦毒을 받을 때에 전전히 다시 부지런히 정진하여
버리지 않고 피하지 아니하며
놀라지 않고 두려워하지 아니하며
물러나지 않고 겁내지 아니하며
피곤해하거나 싫어함이 없었습니다.
무슨 까닭인가.
그 보살이 서원한 바와 같아서 결정코 일체중생을 짊어지고 하여금
해탈케 하고자 하는 까닭입니다.

疏

第三에 代苦救護中에 文分爲三하리니 初는 總明代苦迴向이요 二에 復作是念호대 我所修行下는 別明迴向之心이요 三에 佛子야 菩薩摩訶薩이 以諸善根으로 如是迴向하나니 所謂隨宜下는 總結成益이라 今初分二리니 初는 明先救重苦요 後에 菩薩爾時에 作是念言下는 念遍救諸苦라 今初有二하니 先은 見苦興悲하야 心堅不退라 堅有七相하니 謂不捨所行하며 不避苦事하며 不驚忽至하며 不怖迷倒하며 不退大悲하며 多苦不怯하며 長苦無厭이라 二에 何以下는 徵以釋成이라 徵有二意하니 一은 云生自造苦어니 何干菩薩하야 而欲代之요 二는 云劇苦難堪거니 何爲不厭고하니라 釋意云호대 本願荷故니 逢苦若厭하면 焉能荷負리요

제 세 번째 고통을 대신하여 구호하는 가운데 경문을 나누어 세 가지로 하리니
처음에는 고통을 대신하여 회향하는 것을 한꺼번에 밝힌 것이요
두 번째 다시[219] 이와 같은 생각을 하기를 내가 수행한 바라고 한 아래는 회향하는 마음을 따로 밝힌 것이요
세 번째 불자야,[220] 보살마하살이 모든 선근으로써 이와 같이 회향하나니 말하자면 마땅함을 따라 중생을 구호한다고 한 아래는 모두 맺어 이익을 이루는 것이다.

---

219 두 번째 다시 운운은 영인본 화엄 7책, p.508, 1행이다.
220 세 번째 불자야 운운은 영인본 화엄 7책, p.520, 10행이다.

지금은 처음으로 두 가지로 나누리니
처음에는 무거운 고통을 받는 중생을 먼저 구호함을 밝힌 것이요
뒤에 보살이 그때에 이와 같은 생각을 하여 말하였다고 한 아래는
모든 고통받는 중생을 두루 구호할 것을 생각한 것이다.

지금은 처음으로 두 가지가 있나니
먼저는 고통받는 중생을 봄에 자비를 일으켜 마음이 견고하여 물러
나지 않는 것이다.
견고함에 일곱 가지 모습이 있나니
말하자면 행하는 바를 버리지 아니하며
괴로운 일을 피하지 아니하며
갑자기 오는 일[221]을 놀라지 아니하며
미혹하고 전도된 것을 두려워하지 아니하며[222]
큰 자비를 퇴보하지 아니하며
수많은 고통을 겁내지 아니하며
긴 고통을 싫어하지 않는 것이다.

두 번째 무슨 까닭인가 한 아래는 묻고 해석하여 성립한 것이다.[223]

---

221 원문에 홀지忽至는 갑자기 닥치는 일을 말한다.

222 원문에 불포미도不怖迷倒라고 한 것은 중생衆生이 미혹하고 전도되어 교화하
기 어려운 것으로 두려움을 삼지 않는다. 즉 중생衆生을 교화함에 그 어떤
중생도 싫어하지 않는다는 것이다. 이상은 『잡화기』의 말이나, 즉 중생
이하는 나의 말이다.

묻는 데에 두 가지 뜻이 있나니

첫 번째는 말하기를 중생이 스스로 고통을 지었거니 어찌 보살이 간섭하여 그 고통을 대신하고자 하는가 한 것이요

두 번째는 말하기를 극심한 고통은 감당하기 어렵거니 어찌 싫어하지 않는가 한 것이다.

해석한 뜻에[224] 말하기를 본래의 서원을 짊어진 까닭이니 고통을 만나 싫어할 것 같으면 어찌 능히 짊어진다 하겠는가.

---

223 묻고 해석하여 성립한 것이라고 한 것은 무슨 까닭인가 한 것은 물은 것이고 그 보살이 서원한 바와 같아서라고 한 아래는 해석하여 성립한 것이다.

224 원문에 석의釋意라고 한 아래는 차례와 같이 위에 두 가지 물음을 답한 것이다. 즉 본원하고本願荷故는 제일문第一問의 답이고, 봉고하逢苦下는 제이문第二問의 답이다. 따라서 故"며" 吐가 알기는 좋으나 문장의 흐름이 부드럽지 않기에 故"니" 吐로 두고 뜻을 이해하는 것이 옳다.

經

菩薩爾時에 作是念言호대 一切衆生이 在生老病死의 諸苦難處하야 隨業流轉하야 邪見無智하야 喪諸善法일새 我應救之하야 令得出離케하리라하며

보살이 그때에 이와 같은 생각을 하여 말하기를 일체중생이 생로병사의 모든 고난의 처소에 있으면서 업을 따라 유전하여 소견이 삿되고 지혜가 없어서 모든 선법을 잃었기에 내가 응당 그들을 구호하여 하여금 벗어남을 얻게 할 것이다 하며

疏

二에 念遍救諸苦中二니 先은 救八苦八難等苦일새 故有諸言이라 隨業流轉은 是業繫苦요 邪見無智는 是愚癡苦요 我應已下는 起救之心이라

두 번째 모든 고통받는 중생을 두루 구호할 것을 생각한 가운데 두 가지가 있나니
먼저는 팔고八苦와 팔난八難 등의 고통을 구호하기에 그런 까닭으로 모든(諸)이라는 말이 있는 것이다.
업을 따라 유전한다고 한 것은 이것은 업에 매인 고통이요
소견이 삿되고 지혜가 없다고 한 것은 이것은 어리석음의 고통이요
내가 응당이라고 한 이하는 구호할 마음을 일으키는 것이다.

鈔

先救八苦者는 一은 生苦요 二는 老苦요 三은 病이요 四는 死요 五는
五盛陰이요 六은 求不得이요 七은 怨憎會요 八은 愛別離라 八難은
下當廣釋하리라

먼저 팔고를 구호한다고 한 것은 첫 번째는 태어남의 고통이요
두 번째는 늙음의 고통이요
세 번째는 병듦의 고통이요
네 번째는 죽음의 고통이요
다섯 번째는 오음이 치성한 고통이요
여섯 번째는 구하여도 얻을 수 없는 고통이요
일곱 번째는 원수와 만나는 고통이요
여덟 번째는 사랑하는 사람과 이별하는 고통이다.

팔난이라고 한 것은 아래에 마땅히 폭넓게 해석하겠다.

經

又諸衆生이 愛網所纏과 癡蓋所覆로 染著諸有하며 隨逐不捨
하야 入苦籠檻하며 作魔業行하야 福智都盡하며 常懷疑惑하야
不見安隱處하고 不知出離道하며 在於生死하야 輪轉不息하며
諸苦淤泥에 恒所沒溺하나니 菩薩見已에 起大悲心과 大饒益心
하야 欲令衆生으로 悉得解脫케코자 以一切善根迴向하며 以廣
大心迴向하며 如三世菩薩의 所修迴向하며 如大迴向經에 所說
迴向하야 願諸衆生이 普得淸淨하고 究竟成就一切種智케하리
라하며

또 모든 중생이 애정의 그물에 얽힌 바와 어리석음의 일산에 덮인
바로 제유諸有에 물들고 집착하며
업을 따라 좇아 버리지 못하여 고통의 새장과 우리[225]에 들어가며
마군의 업행을 지어 복덕과 지혜가 모두 다하며
항상 의혹을 품어 안은한 곳을 보지 못하고 벗어날 길을 알지
못하며
생사에 머물러 윤회함을 쉬지 못하며
모든 고통의 진흙탕에 항상 빠지나니
보살이 그것을 본 이후에 큰 자비심과 크게 요익하는 마음을 일으켜
중생으로 하여금 다 해탈함을 얻게 하고자 하여 일체 선근으로써

---

[225] 원문에 檻은 '우리 함' 자이다. 본래 뜻은 죄인을 가두는 수레이다.

회향하며
광대한 마음으로써 회향하며
삼세의 보살이 수행한 바와 같이 회향하며
대회향경에 설한 바와 같이 회향하여 원컨대 모든 중생이 널리
청정함을 얻고 구경에 일체종지를 성취케 할 것이다 하며

疏

二에 又諸衆生下는 救迷四諦苦라 文中分二리니 初는 念苦境이요
二에 菩薩見下는 正興悲救라 今初니 於中에 先不知集이니 謂癡
愛爲本은 是煩惱道라 染著已下는 明其業道니 爲有造行일새 故
名染著이요 隨業入苦는 如彼鳥獸가 因食愛故로 入於籠檻이라
作魔業行은 明有惡業이요 福智都盡은 明無善業이라 次에 常懷疑
惑은 無生道見滅之因이니 故不見安隱圓寂이요 不知出離는 道
諦요 在於生死는 苦諦라 二에 興悲救中에 起大悲心者는 令脫苦
集故요 大饒益心者는 令得淸淨滅道故니 故用善根迴向이라 大
迴向經者는 賢首云호대 如圓敎所說의 普賢迴向故라하니라 然藏
內에 有大迴向經이나 此敎最初일새 不應指彼니라 若結集從簡인
댄 於理可然이라하리라

두 번째 또 모든 중생이라고 한 아래는 사제에 미혹하여 고통받는
중생을 구호하는 것이다.
경문 가운데 두 가지로 나누리니

처음에는 고통의 경계를 생각하는 것이요

두 번째 보살이 그것을 본 이후라고 한 아래는 바로 자비심을 일으켜 구호하는 것이다.

지금은 처음으로 그 가운데 먼저는 집集을 알지 못하는 것이니, 말하자면 애정과 어리석음으로 근본을 삼는 것은 이것은 번뇌의 도이다.

제유에 물들고 집착한다고 한 이하는 그 업도를 밝힌 것이니, 행을 짓는 것이 있기에 그런 까닭으로 물들고 집착한다 이름하는 것이요

업을 따라 고통에 들어간다[226]고 한 것은 마치 저 새와 짐승이 먹이와 사랑을 인한 까닭으로 새장과 우리에 들어가는 것과 같다.

마군의 업행을 짓는다고 한 것은 악업이 있는 것을 밝힌 것이요 복덕과 지혜가 모두 다하였다고 한 것은 선업이 없는 것을 밝힌 것이다.

다음에 항상 의혹을 품는다고 한 것은 도道를 일으켜 적멸(滅)을 보는 원인이 없는 것이니

그런 까닭으로 안은한 원적을 보지 못하는 것이요

벗어나는 길을 알지 못한다고 한 것은 도제道諦요[227]

---

226 원문에 수업隨業은 경문에 수축불사隨逐不捨이고, 입고入苦는 입고롱함入苦籠檻이다.

227 원문 道 자 아래에 道 자가 더 있기도 하나 없다 해도 무방하다. 도리어 문장 구성상으로 보면 없는 것이 옳다. 즉 부지출리不知出離는 도제道諦요

생사에 머문다고 한 것은 고제苦諦이다.

두 번째 자비심을 일으켜 구호하는 가운데 큰 자비심을 일으킨다고
한 것은 하여금 고苦와 집集을 벗어나게 하는 까닭이요
크게 요익하는 마음이라고 한 것은 하여금 청정한 멸滅과 도道를
얻게 하는 까닭이니,
그런 까닭으로 선근회향을 인용한 것이다.

대회향경이라고 한 것은 현수법사가 말하기를 원교에서 설한 바
보현의 회향과 같은 까닭이다 하였다.
그러나 대장경 안에 대회향경이 있지만 이 원교[228]가 최초이기에
응당 저 대회향경을 가리킨 것이 아니다.
만약 결집한 사람이 생략함을 좇았다고 한다면 이치는 가히 그렇다
할 것이다.

재어생사在於生死는 고제苦諦라는 말이다.
[228] 원교는 이 화엄경이다.

經

復作是念호대 我所修行은 欲令衆生으로 皆悉得成無上智王이
라 不爲自身하야 而求解脫이요 但爲救濟一切衆生하야 令其咸
得一切智心하야 度生死流하야 解脫衆苦케하리라하며

다시 이와 같은 생각을 하기를 내가 수행하는 바는 중생으로 하여금
다 더 이상 없는 지혜의 왕을 이룸을 얻게 하고자 하는 것이다.
자신을 위하여 해탈을 구하지 않고, 다만 일체중생을 구제하여
그 중생으로 하여금 다 일체 지혜의 마음을 얻어 생사의 강물을
건너 수많은 고통에서 해탈케 할 것이다 하며

疏

第二에 別明代苦迴向之心中에 有五復念하니 前三은 明代苦之
心이요 後二는 明迴向之心이라 今初에 卽分爲三하리니 初는 明一
向普救호대 無自爲心이요 次는 衆苦備受호대 無懈怠心이요 三은
決志保護호대 無虛妄心이니 初文可知라

제 두 번째 고통을 대신하여 회향하는 마음을 따로 밝히는 가운데
다섯 가지 다시 이와 같은 생각을 한다고 한 것이 있나니
앞에 세 가지는 고통을 대신하는 마음을 밝힌 것이요
뒤에 두 가지는 회향하는 마음을 밝힌 것이다.

지금은 처음으로 곧 나누어 세 가지로 하리니

처음에는 한결같이 널리 구호하되 스스로 구호한다는 마음이 없음을 밝힌 것이요

다음에는 수많은 고통을 갖추어 받되 게으른 생각이 없는 것이요

세 번째는 결정한 뜻으로 보호하되 허망한 마음이 없는 것이니,

처음 경문은 가히 알 수가 있을 것이다.

經

復作是念호대 我當普爲一切衆生하야 備受衆苦하야 令其得出
無量生死衆苦大壑케하며 我當普爲一切衆生하야 於一切世界
와 一切惡趣中에 盡未來劫토록 受一切苦라도 然常爲衆生하야
勤修善根이라 何以故요 我寧獨受如是衆苦언정 不令衆生으로
墮於地獄케하며 我當於彼地獄畜生과 閻羅王等의 險難之處에
以身爲質이라도 救贖一切惡道衆生케하야 令得解脫케하리라하며

다시 이와 같은 생각을 하기를 내가 마땅히 널리 일체중생을 위하여
수많은 고통을 갖추어 받아 그로 하여금 한량없이 나고 죽는 수많은
고통의 큰 구렁에서 나옴을 얻게 하며
내가 마땅히 널리 일체중생을 위하여 일체 세계와 일체 악취 가운데
미래세월이 다하도록 일체 고통을 받을지라도 그러나 항상 중생을
위하여 부지런히 선근을 닦을 것이다.
무슨 까닭인가.
내가 차라리 홀로 이와 같은 고통을 받을지언정 중생으로 하여금
지옥에 떨어지지 않게 하며
내가 마땅히 저 지옥과 축생과 염라대왕 등이 있는 험난한 곳에
몸으로 볼모[229]를 잡힐지라도 일체 악도의 중생을 구호하고 속죄케
하여 하여금 해탈을 얻게 할 것이다 하며

---

229 원문에 質은 '볼모 질' 자이다.

疏

二中復二니 先은 正明이요 後는 徵釋이라 今初에 言大壑者는 如尾
閭壑하야 飮縮衆生을 無暫已故니라 後에 徵釋中에 先徵意云호대
何以로 獨爲衆生하야 備受衆苦하고 復勤修耶아 釋云호대 一身之
苦가 令多解脫일새 故願自受니 顯悲之深이라

두 번째 가운데 다시 두 가지가 있나니
먼저는 바로 밝힌 것이요
뒤에는 묻고 해석한 것이다.

지금은 처음으로 큰 구덩이라고 말한 것은 마치 미려尾閭[230]의 구덩이
와 같아서 중생을 마셔 줄게[231] 하기를 잠시도 그치지 않는 까닭이다.
뒤에는 묻고 해석하는 가운데 먼저 묻는 뜻에 말하기를 무슨 까닭으
로 홀로 중생을 위하여 수많은 고통을 갖추어 받고 다시 부지런히
선근을 닦는가.
해석한 뜻에 말하기를 한 몸의 고통이 수많은 사람으로 하여금
해탈케 하기에 그런 까닭으로 스스로 고통을 받기를 서원한 것이니,
자비가 깊은 것을 나타낸 것이다.

---

230 미려尾閭는 바다 밑에 있는 구덩이로 해수海水가 계속 샌다는 곳이다.
231 원문에 縮은 '줄 축' 자이다.

鈔

尾閭壑義는 出現品에 當明하리라

미려의 구덩이라고 한 뜻은 여래출현품²³²에 마땅히 밝히겠다.

疏

問이라 衆生之苦가 自業所招며 自心所變거니 云何菩薩이 而能代耶아 答이라 通論代苦인댄 有其七義하니 一은 以苦自要하야 增悲念故니 瑜伽四十九云호대 問이라 菩薩이 從勝解行地로 隨入淨勝意樂地時에 云何超過諸惡趣等고하니 此問은 菩薩이 云何自離惡趣고하니라 下答文廣하니 意云호대 謂菩薩이 於世間의 淸淨靜慮에 已善積資糧일새 於多苦有情에 修習哀愍하고 無餘思惟니라 由此修習故로 得哀愍意樂과 及悲意樂하야 爲利惡趣有情하야 誓處惡趣를 如己舍宅하고 設住惡趣하야사 能證菩提라도 亦能忍受하며 爲除物苦하야 願身代受하야 令彼惡業이 永不現行케하고 一切善業이 常得現行케하니라 由此悲願力故로 一切惡趣의 諸煩惱品에 所有麤重을 於自所依에 皆得除遣하고 得入初地라하니라

묻겠다.
중생의 고통이 자기의 업으로 초래하는 바이며 자기의 마음으로

---

232 여래출현품如來出現品은 제삼십칠품第三十七品이다.

변현하는 바이거니 어떻게 보살이 능히 대신하겠는가.

답하겠다.

고통을 대신하는 것을 모두 논한다면 그것이 일곱 가지가 있나니
첫 번째는 고통을 스스로 요망하여 자비의 마음을 증장하는 까닭이
니, 『유가론』사십구권에 말하기를 묻겠다.

보살이 승해행지를 좇아[233] 정승의락지에 따라 들어갈 때에 어떻게
모든 악취 등을 뛰어넘는가 하였으니,

이 물음은 보살이 어떻게 스스로 악취를 떠나는가 한 것이다.

아래에 답한 논문이 광다廣多하니,

답한 뜻에 말하기를 말하자면 보살이 세간의 청정한 정려靜慮에
이미 자량資糧을 잘 쌓았기에 고통이 많은 유정에게 어여삐 여기는
사유思惟만을 닦아 익히고 다른 사유思惟는 없었다. 이 사유를 닦아
익힌 것을 인유한 까닭으로 애민의 의락(哀愍意樂)과 그리고 자비의
의락을 얻어 악취의 유정을 이익케 하기 위하여 악취에 거처하기를
자기 집과 같이 하고 설사 악취에 거주하여야 능히 보리를 증득한다
할지라도 또한 능히 그 고통을 참고 받기를 서원하였으며

중생의 고통을 제멸하기 위하여 자기 몸이 대신 고통을 받아 저
중생으로 하여금 악업이 영원히 현재 행하여지지 않게 하고 일체

---

233 승해행지勝解行地 운운은 十三住를 밝힘에 七地를 세운 것이니 一에 種性地
→ 發心位. 二에 勝解行地 → 十信으로 四加行. 三에 淨勝意樂地 → 前三位.
四에 信正行地 → 四住로부터 九住까지. 五에 決定地 → 十住, 六에 決定行地
→ 十一住, 七에 到究竟地 → 十二住, 十三住라. 십주품十住品에서 설출說出
한 것이니, 영인본 『화엄경』 5책, p.604에 있다.

선업이 항상 현재 행하여짐을 얻게 하기를 서원하였다.

이 자비의 원력을 인유한 까닭으로 일체 악취의 모든 번뇌 품류에 있는 바 추중麤重 번뇌를 스스로 의지하는 곳[234]에서 다 제멸하여 보냄을 얻고 초지에 들어감을 얻는 것이다 하였다.

疏

釋曰此約但有悲願意樂하고 身不能代니 由悲決定하야 自獲勝 益이라 二는 約菩薩이 本爲利生이니 求法苦行이 已名爲代요 後能 爲物하야 爲增上緣이 亦名代受니라 三은 約菩薩이 留惑同事니 受有苦身하야 爲生說法하야 令不造苦因하야 因亡果喪이 亦名代 受니라 四는 設有衆生이 欲造無間等業이라도 菩薩이 化止不從인 댄 遂斷其命하고 菩薩이 自受惡趣苦報하야 令彼得免無間大苦가 名爲代受니 此는 依梁攝論第十一說하니라 涅槃에 仙預國王도 亦同此義하니 非唯意樂而已니라 五는 由菩薩이 初修正願에 爲生 受苦하고 至究竟位하야 願成自在하야 常在惡趣하야 救代衆生하 나니 如地藏菩薩과 及現莊嚴王等하며 乃至饑世에 身爲大魚라호 미 皆其類也니라 或以光明照觸하며 或神力冥加하나니 其事非一 이라 六은 由菩薩此願이 契同眞如하고 彼衆生苦도 卽同如性하야 以同如之願으로 還潛至卽眞之苦하나니 依此融通이 亦名代也니 라 七은 由普賢이 以法界爲身일새 一切衆生이 皆是法界니 卽衆

---

234 원문에 자소의自所依란, 곧 고의신고의身苦依身을 말한다고 『잡화기』는 말한다.

生受苦가 常是菩薩일새 故名爲代니라 上來七義에 初但意樂이요
次二는 但約爲增上緣이요 四五二義는 實能身代요 六七二義는
理觀融通이라

해석하여 말하면 이것은[235] 다만 자비원력의 의락만 있고 몸이 능히
고통을 대신 받지 못함을 잡은 것이니,
자비의 결정을 인유하여 스스로 수승한 이익을 얻는 것이다.
두 번째는 보살이 본래 중생을 이익케 하려는 것을 잡은 것이니,
법을 구하려고 고행한 것이 이미 이름이 고통을 대신한 것이 되는
것이요
뒤에 능히 중생을 위하여 고통을 증상하는 인연[236]이 또한 이름이
고통을 대신 받은 것이 되는 것이다.
세 번째는 보살이 혹세에 머물러 함께 일을 하는 것을 잡은 것이니,
고통이 있는 몸을 받아 중생을 위하여 법을 설하여 하여금 고통의
원인을 짓지 않게 하여 원인도 없고 과보도 없게 하는 것이 또한

---

235 원문에 약차約此는 此約이라 해야 좋다. 차약此約 이하는 대개 보살菩薩이
　　비록 고통을 대신 받지는 않지만 대락大樂의 승력勝力이 있는 까닭으로
　　스스로 이익利益을 얻는 것이다.
236 원문에 증상연增上緣이란, 여기서 증상연의 뜻은 중생衆生을 위하여 고통苦痛
　　을 더욱더 증상으로 받는다는 뜻이다. 즉 보살菩薩이 고통苦痛을 받는 것이
　　중생으로 하여금 고통을 받는 것을 보고 깨달아 고통받을 죄업을 짓지
　　않게 하는 것이 증상연增上緣이 되는 것이다. 또 중생이 보살이 고통받는
　　것을 보고 본받는 까닭으로 그 뒤에 이익利益을 얻는 것도 증상연이 되는
　　것이다.

이름이 고통을 대신 받는 것이 되는 것이다.

네 번째는 설사 어떤 중생이 무간지옥 등의 업을 짓고자 할지라도 보살이 교화하여 그치게 하고 따르지 않는다면 드디어 그의 목숨을 끊고 보살이 스스로 악취의 과보를 받아 저 중생으로 하여금 무간지옥의 큰 고통을 면함을 얻게 하는 것이 이름이 고통을 대신 받는 것이 되는 것이니,

이것은 『양섭론』 제십일권에 말한 것을 의지한 것이다.

『열반경』[237]에 부처님이 국왕을 위하여 참례한 것도 또한 이 뜻과 같나니,

오직 의락意樂뿐만이 아니다.

다섯 번째는 보살이 바른 서원을 처음 닦을 때에 중생을 위하여 고통을 받고 구경위에 이르러 서원이 자재함을 이름을 인유하여 항상 악취에 있으면서 중생을 구호하고 대신하나니,

마치 지장보살과 그리고 현장엄왕 등과 같으며 내지 주린 세상에 몸이 큰 고기가 된다고 한 것이 다 그런 유형이다.

혹 광명으로써 비추어 닿으며 혹 위신력으로써 그윽이 가피하나니 그 사실이 하나가 아니다.

여섯 번째는 보살의 이 서원이 진여와 계합하여 같고 저 중생의 고통도 곧 진여의 자성과 같음을 인유하여 진여와 같은 서원으로써 도리어 진여에 즉한 고통에 깊이 이르나니,

---

237 『열반경涅槃經』은 第十六卷에 범행품梵行品이다. 여래如來가 국왕國王을 위하여 보살행菩薩行을 行한 것을 말한다.

이런 융통을 의지하는 것이 또한 이름이 고통을 대신 받는 것이다.

일곱 번째는 보현이 법계로써 몸을 삼기에 일체중생이 다 법계이니, 곧 중생이 고통을 받는 것이 항상 이 보살임을 인유하기에 그런 까닭으로 이름이 고통을 대신 받는 것이 되는 것이다.

상래에 일곱 가지 뜻에 처음에 뜻은 다만 의락意樂이요

다음에 두 가지는 다만 증상연이 됨을 잡은 것이요

제 네 번째와 제 다섯 번째의 두 가지 뜻은 진실로 능히 몸을 대신하는 것이요

제 여섯 번째와 제 일곱 번째의 두 가지 뜻은 이관理觀이 융통한 것이다.

鈔

此依梁攝論第十一說者는 本論云호대 甚深差別者는 若菩薩이 由此方便勝智하야 行殺生等十事호대 無染濁過失하면 生無量福德하야 速得無上菩提勝果리라하얏거늘 釋論曰호대 如菩薩이 能行과 如所堪行이 方便勝智니 今顯此義하리라 若菩薩能行하면 知如此事호대 有人이 必應作無間等惡業거든 菩薩이 了知其心에 無別方便으로 可令離此惡行이라 唯有斷命方便하야 能使不作此惡케하며 又知此人捨命하면 必生善道요 若不捨命하면 決行此業하야 墮極苦處하야 長時受苦니라 菩薩이 知此事已에 作如是念호대 我若行此殺業하야 必墮地獄이라도 願我爲彼하야 受此苦報하고 當令此人으로 於現在世에 受少輕苦나 於未來世에 久受大樂이 譬如良醫가 治有病者호대

先加輕苦나 後除重病인달하야 菩薩所行도 亦復如是하야 於菩薩道
에 無非福德일새 故離染濁過失이요 因此生長無量福德일새 故能疾
證無上菩提하나니 如是方便이 最爲甚深하니라 行盜等行도 亦復如
是라하니라 涅槃仙預國王者는 第十六經 梵行品에 因說一子地하야
迦葉難云호대 若諸菩薩이 住一子地者인댄 云何如來가 昔爲國王하
야 行菩薩行時에 斷絶爾所에 婆羅門命이닛가 下佛廣答하사대 先說
慈悲竟하고 末云호대 菩薩이 常思以何因緣으로 能令衆生으로 發起
信心고하야 隨其方便하야 要當爲之리라 諸婆羅門이 命終之後에 生
阿鼻地獄에 即有三念호대 一者는 自念我從何處로 而來生此고하야
即便自知從人道中來요 二者는 自念我今所生이 爲是何所고하야 即
便自知是阿鼻地獄이요 三者는 自念我何業緣으로 而來生此고하야
即便自知我謗方等大乘經典하야 不信因緣으로 爲國王所殺하야 而
來生此라하고 念是事已에 即於大乘方等經典에 生信敬心이러니 尋
時命終하야 生甘露鼓如來世界하야 於彼壽命이 具足十劫하니라 善
男子야 以是義故로 我昔에 爲與是人十劫壽命거니 云何名殺이리요
하니라

이것은 『양섭론』제십일권에 말한 것을 의지한 것이라고 한 것은
본론에 말하기를 깊고도 깊어 차별하다[238]고 한 것은 만약 보살이
이와 같은 방편의 수승한 지혜를 인유하여 살생 등 열 가지 일을
행하되 더러운 허물이 없다면 한량없는 복덕을 내어 더 이상 없는

---

238 원문에 심심차별甚深差別은 현장玄奘은 심심수승甚深殊勝이라 번역하였다.

보리의 수승한 결과를 속히 얻을 것이다 하였거늘

『석론』에 말하기를 저 보살이 능히 행하는 것과 저 보살이 감당하는 바 행이 방편의 수승한 지혜이니,

지금에 이 두 가지 뜻[239]을 나타내겠다.

만약 보살이 능히 행한다면 이와 같은 일을 알되 어떤 사람이 반드시 응당 무간지옥 등 악업을 짓거든 보살이 그 마음에 별다른 방편으로 가히 하여금 이 악행을 떠나게 하는 것이 아니라 오직 목숨을 끊는 방편이 있어서 능히 하여금 이 악업을 짓지 않게 하는 줄 알며 또 이 사람이[240] 목숨을 버린다면 반드시 선도에 태어날 것이고, 만약 목숨을 버리지 않는다면 결정코 이 악업을 행하여 지극히 고통스러운 곳에 떨어져 장시간 고통을 받을 줄 아는 것이다. 보살이 이 사실을 안 이후에 이와 같은 생각을 하기를 내가 만약 이 살생의 업을 행하여 반드시 지옥에 떨어질지라도 원컨대 내가 저 중생을 위하여 이 고통의 과보를 받고 마땅히 이 사람으로 하여금 현재 세상에 가벼운 고통을 받게 하지만 미래 세상에 오래도록 큰 즐거움을 받게 하는 것이, 비유하자면 좋은 의사가 병이 있는 사람을 치료하되 먼저 가벼운 고통을 가하지만 뒤에 무거운 병을 제멸하는 것과 같아서, 보살이 행하는 바도 또한 다시 이와 같아서 보살의 길에 복덕이 아님이 없기에 그런 까닭으로 더러운 허물을 떠나는 것이요

---

239 원문에 이의二義란, 능행能行과 소행所行(所堪行)이다.

240 원문에 우지차인又知此人 이상은 능행能行을 해석하였고, 이하는 소행所行을 해석하였다. 즉 감당할 바 행을 해석했다는 것이다. 역시 『잡화기』의 말이다.

이것을 인하여 한량없는 복덕을 생장하기에 그런 까닭으로 능히 더 이상 없는 보리를 속히 증득하나니,

이와 같은 방편이 가장 깊고도 깊은 것이 되는 것이다.

투도 등의 행을 행하는 것도 또한 다시 이와 같다 하였다.

『열반경』에 부처님이 국왕을 위하여 참례한다고 한 것은 제십육경[241] 범행품에 일자지一子地[242]를 설함을 인하여 가섭보살이 비난하여 말하기를 만약 모든 보살이 일자지에 머문다면 어떻게 여래가 옛날에 국왕을 위하여 보살의 행을 행할 때에 그곳에 바라문의 목숨을 끊었나이까.

아래에 부처님이 폭넓게 답하여 말씀하시기를 먼저 자비를 설하여 마치시고 끝에 말씀하시기를 보살이 항상 무슨 인연으로 능히 중생으로 하여금 신심을 일으키게 하는가 하고 생각하여 그 방편을 따라 반드시 마땅히 그 중생을 위할 것이다. 모든 바라문이 목숨이 마친 뒤에 아비지옥에 태어남에 곧 세 가지 생각을 두되, 첫 번째는 스스로 내가 어느 곳으로 좇아 이곳에 와서 태어나는가 하고 생각하여 곧 문득 스스로 인도人道 가운데로 좇아 와서 태어난 줄 알게 하는 것이요

두 번째는 스스로 내가 지금 태어난 곳이 어느 곳이 되는가 하고 생각하여 곧 문득 스스로 이곳이 아비지옥인 줄 알게 하는 것이요

---

241 십육경十六經은 北經이다.

242 일자지一子地란, 일체중생一切衆生을 어여삐 여기기를 외아들과 같이 하는 보살지위菩薩地位이니 즉 환희지歡喜地이다.

세 번째는 스스로 내가 무슨 업연으로 이곳에 와서 태어나는가
하고 생각하여 곧 문득 스스로 내가 방등대승경전을 비방하여 믿지
아니한 인연으로 국왕의 죽이는 바가 되어 이곳에 와서 태어난
줄 알게 하는 것이다 하고, 이 일을 생각한 이후에 곧 대승방등경전
에 믿고 공경하는 마음을 내더니 즉시에 목숨이 마쳐 감로고甘露鼓
여래의 세계에 태어나 저 바라문의 수명이 십세월(十劫)을 구족하
였다.
선남자야, 이런 뜻인 까닭으로 내가 옛날에 이 사람에게 십세월(十
劫)의 수명을 주었거니 어떻게 죽인다 이름하겠는가 하였다.

疏

問이라 若依四五二義인댄 應能普代어니 何故로 猶有衆生受苦고
答이라 此有三義하니 一은 有緣無緣故니 與菩薩有緣인댄 則可代
也니라 二는 業有定不定故니 不定者可代니라 三은 若受苦有益인
댄 菩薩令受케하야사 方能究竟에 得離苦故니 如父母敎子에 付嚴
師令治하나니 如是密益은 非凡小所知니라

물겠다.
만약 네 번째와 다섯 번째의 두 가지 뜻[243]을 의지한다면 응당 능히
널리 고통을 대신하거니 무슨 까닭으로 오히려 중생이 고통을 받음
이 있는가.

---

243 원문에 사오이의四五二義라고 한 것은 上來의 七義 가운데 第四와 第五이다.

답하겠다.

여기에 세 가지 뜻이 있나니

첫 번째는 인연이 있기도 하고 인연이 없기도 한 까닭이니,

보살로 더불어 인연이 있다면 곧 가히 고통을 대신하는 것이다.

두 번째는 업이 정업과 부정업이 있는 까닭이니,

부정업자不定業者를 가히 대신하는 것이다.

세 번째는 만약 고통을 받아 이익이 있다면 보살은 하여금 받게

하여야 바야흐로 능히 구경에 고통을 떠남을 얻는 까닭이니,

마치 부모가 자식을 가르침에 엄격한 스승에게 부탁하여 하여금

다스리게 하는 것과 같나니,

이와 같은 심밀한 이익은 범부와 소승이 알 바가 아니다.

經

復作是念호대 我願保護一切衆生하야 終不棄捨하고 所言誠實
하야 無有虛妄케하리라하니라

다시 이와 같은 생각을 하기를 내가 일체중생을 보호하여 끝내
버리지 않을 것을 서원하고 말한 바가 성실하여 허망함이 없게
할 것이다 하였습니다.

疏

第三에 決志保護中二니 先은 正明이라

제 세 번째 결정한 뜻으로 보호하는 가운데 두 가지가 있나니
먼저는 바로 밝힌 것이다.

經

何以故요 我爲救度一切衆生하야 發菩提心이요 不爲自身이 求
無上道며

무슨 까닭인가.
내가 일체중생을 구하여 제도하기 위하여 보리심을 일으킨 것이요,
자신이 더 이상 없는 도를 구하기 위한 것이 아니며

疏

後는 徵釋이라 徵意云호대 云何不捨며 何名不虛고 釋有二意하니
一은 異小乘이니 不自爲故니라

뒤에는 묻고 해석한 것이다.
묻는 뜻에 말하기를 어떤 것이 버리지 않는 것이며,
어떤 것이 이름이 허망하지 않는 것인가.
해석함에 두 가지 뜻이 있나니
첫 번째는 소승과 다른 것이니
자신을 위한 것이 아닌 까닭이다.

經

亦不爲求五欲境界와 及三有中에 種種樂故로 修菩提行이니라

또한 오욕경계와 그리고 삼유 가운데 가지가지 즐거움을 구하기
위한 까닭으로 보리행을 닦는 것도 아닙니다.

疏

二에 亦不爲下는 明異凡夫의 著欲過故라 文中三이니 初는 正明
不求라

두 번째 또한 구하기 위하여 닦는 것도 아니라고 한 아래는 범부가
욕망의 허물에 집착하는 것과는 다름을 밝힌 까닭이다.
경문 가운데 세 가지가 있나니
처음에는 구하기 위하여 닦는 것이 아님을 바로 밝힌 것이다.

經

何以故요 世間之樂은 無非是苦며 衆魔境界는 愚人所貪이며 諸
佛所訶니 一切苦患이 因之而起하며 地獄餓鬼와 及以畜生과 閻
羅王處와 忿恚鬪訟과 更相毁辱하는 如是諸惡이 皆因貪著五欲
所致니라 耽著五欲에 遠離諸佛하며 障礙生天거든 何況得於阿
耨多羅三藐三菩提리요

무슨 까닭인가.
세간의 즐거움은 이 고통이 아님이 없으며
수많은 마군의 경계는 어리석은 사람이 탐착하는 바이며 모든
부처님이 꾸짖는 바이니
일체 고통과 근심이 이것을 인하여 생기하며
지옥과 아귀와 그리고 축생과 염라대왕의 처소와 분노하여 성내고
다투어 소송하는 것과 다시 서로 헐뜯고 욕하는 이와 같은 모든
악업이 다 오욕에 탐착함을 인하여 이룬 바입니다.
오욕을 탐착함에 모든 부처님을 멀리 떠나게 되며 천상에 태어나는
것에도 장애가 되거든 어찌 하물며 아뇩다라삼먁삼보리를 얻는
것이겠습니까.

疏

二는 徵釋所以니 所以不求者는 見多過故라 文中에 體卽是苦로대

復能生苦하야 近障天樂거든 況大菩提에 惑習雙亡이리요하니라
今言婬欲이 卽是道者는 善須得意리라

두 번째는 그 까닭[244]을 묻고 해석한 것이니
구하기 위하여 닦는 것이 아닌 까닭은 많은 허물을 나타내는 까닭
이다.
경문 가운데 자체가 큰 고통이로되 다시 능히 고통을 생기하여
가까이 천상의 즐거움도 장애하거든 하물며 대보리를 얻으려 함에
번뇌와 습기를 함께 없애는 것이겠는가 하였다.
지금에 음욕이 곧 도라고 말하는 사람들은 잘 수구하여 뜻을 얻어야
할 것이다.

鈔

近障天樂者는 釋曰此卽大品經意라 第一經云호대 菩薩摩訶薩이
行般若波羅蜜하야 增益六波羅蜜時에 諸善男子善女人이 各各生
歡喜意하야 念言호대 我等이 常爲是人하야 作父母妻子와 親族知識
이라하면 爾時에 四天王天과 乃至阿迦尼吒天이 皆大歡喜하야 各各
念言호대 我等이 常作方便하야 令是菩薩로 離於婬欲하고 從初發意
로 常作童眞하야 莫使與色欲苦會케하리라하고 若受五欲인댄 障生梵
天거든 何況阿耨多羅三藐三菩提리요하니라 以是義故로 舍利弗아
菩薩摩訶薩이 斷婬欲出家者는 應得阿耨多羅三藐三菩提라하니 非

244 원문에 소이所以란, 不求之所以니 즉 구하기 위하여 닦는 것이 아닌 까닭이다.

不斷欲이라 今言婬欲卽是道下는 誡勸이라 得意之義는 前已曾有어
니와 法界品中에 更當廣釋하리라

가까이 천상의 즐거움도 장애한다고 한 것은 해석하여 말하면 이것
은 곧 『대품반야경』의 뜻이다.
『대품반야경』 제일경에 말하기를 보살마하살이 반야바라밀을 행하
여 육바라밀을 증익할 때에 모든 선남자와 선녀인이 각각 환희심을
내어 생각하여 말하기를 우리 등이 항상 이 사람을 위하여 부모와
처자와 친족과 선지식을 지을 것이다 하면, 그때에 사천왕천과
내지 아가니타천[245]이 다 크게 환희하여 각각 생각하여 말하기를
우리 등이 항상 방편을 지어 이 보살로 하여금 음욕을 여의고 처음
발심한 뜻으로 좇아 항상 동진童眞을 지어 하여금 색욕의 고통으로
더불어 회합하지 못하게 하리라 하고, 만약 오욕을 받는다면 범천에
태어나는 것도 장애하거든 어찌 하물며 아뇩다라삼먁삼보리겠는가
하였다.
이 뜻인 까닭으로 사리불아, 보살마하살이 음욕을 끊고 출가한
사람은 응당 아뇩다라삼먁삼보리를 얻어야 할 것이다 하였으니,
음욕을 끊지 아니할 수 없는 것이다.

지금에 음욕이 곧 도라고 말하는 것이라고 한 아래는 경계하여
권하는 것이다.

---

245 아가니타천阿迦尼吒天은 색구경천色究竟天이다.

뜻을 얻어야 한다고 한 뜻은 앞에 이미 있었거니와, 입법계품 가운데 다시 마땅히 폭넓게 해석하겠다.

經

菩薩이 如是觀諸世間에 貪少欲味하야 受無量苦하고 終不爲彼
五欲樂故로 求無上菩提하고 修菩薩行이라 但爲安樂一切衆生
하야 發心修習하고 成滿大願하야 斷截衆生의 諸苦羈索하야 令
得解脫케하려하니라

보살이 이와 같이 모든 세간에 적은 욕망의 맛을 탐하여 한량없는
고통을 받는 것을 관찰하고 마침내 저 오욕의 즐거움을 위한 까닭으
로 더 이상 없는 보리를 구하고, 보살의 행을 닦는 것이 아니라
다만 일체중생을 안락케 하기 위하여 발심하여 닦아 익히고 큰
서원을 성만하여 중생의 모든 고통의 덫과 노끈을 끊어 하여금
해탈을 얻게 하려는 것입니다.

疏

三에 菩薩如是下는 結成前義라

세 번째 보살이 이와 같이라고 한 아래는 앞의 뜻을 맺어 성립한
것이다.

經

佛子야 菩薩摩訶薩이 復作是念호대 我當以善根으로 如是迴向
하야 令一切衆生으로 得究竟樂과 利益樂과 不受樂과 寂靜樂과
無依樂과 無動樂과 無量樂과 不捨不退樂과 不滅樂과 一切智樂
케하리라하며

불자여, 보살마하살이 다시 이와 같은 생각을 하기를 내가 마땅히
선근으로써 이와 같이 회향하여 일체중생으로 하여금 구경의 즐거
움과
이익케 하는 즐거움과
받지 않는 즐거움과
고요한 즐거움과
의지함이 없는 즐거움과
동요함이 없는 즐거움과
분량이 없는 즐거움과
버리지도 않고 물러나지도 않는 즐거움과
사라지지 않는 즐거움과
일체 지혜의 즐거움을 얻게 할 것이다 하며

疏

第二에 有二復念은 明迴向之心이라 即分爲二리니 初는 念令彼得
樂이요 後는 念身爲保護라 今初니 乘前欲苦일새 故令得樂이라

文有十句하니 初總餘別이라 別中에 前八涅槃이요 後一菩提라 於
涅槃中에 一은 住涅槃하야 能建大事가 名爲利益이요 二는 滅心數
요 三은 證無爲요 四는 無能所요 五는 相不能遷이요 六은 廣無分量
이요 七은 生死眞性이 卽是涅槃일새 故無所捨하고 智冥眞理일새
是以不退요 八은 一得永常에 湛然不滅이라 依解節經인댄 說有五
樂이니 一은 出家樂이니 脫家難故요 二는 遠離樂이니 以斷欲하고
得初禪故요 三은 寂靜樂이니 二禪爲首하야 覺觀息故요 四는 菩提
樂이니 於法에 如實覺故요 五는 涅槃樂이니 息化하고 入無餘故라
彼通人天거니와 今唯究竟이니 會釋可知라

제 두 번째 두 번에 걸쳐 다시 생각을[246] 한다고 한 것이 있는 것은
회향하는 마음을 밝힌 것이다.
곧 두 가지로 나누리니
처음에는 저 중생으로 하여금 즐거움을 얻게 하는 것을 생각하는
것이요
뒤에는 몸으로 보호하는 것을 생각하는 것이다.

지금은 처음으로 앞에 욕망의 고통을 타기에[247] 그런 까닭으로 하여금
즐거움을 얻게 하는 것이다.
경문에 열 구절이 있나니

---

246 원문에 이부념二復念은 부작시념復作是念이 두 번 있다는 것이다.
247 원문에 승乘은 因之意也니 즉 원인의 뜻이다.

처음 구절은 총구요

나머지 구절은 별구이다.

별구 가운데 앞에 여덟 구절은 열반이요

뒤에 한 구절은 보리이다.

저 열반 가운데 첫 번째 구절은 열반에 머물러 능히 일대사를 건립하

는 것이 이름이 이익이 되는 것이요

두 번째 구절은 심수心數를 멸하는 것이요

세 번째 구절은 무위를 증득하는 것이요

네 번째 구절은 능소가 없는 것이요

다섯 번째 구절은 모습이 능히 옮길 수 없는 것이요

여섯 번째 구절은 넓어서 분량이 없는 것이요

일곱 번째 구절은 생사의 진실한 자성이 곧 열반이기에 그런 까닭으

로 버리는 바가 없고, 지혜가 진리에 명합하기에 이런 까닭으로

물러나지 않는 것이요

여덟 번째 구절은 한번 영원함을 얻음에 담연하여 사라지지 않는

것이다.

『해절경』²⁴⁸을 의지한다면 다섯 가지 즐거움이 있다고 설하였으니

첫 번째는 출가하는 즐거움이니

가정의 고난을 벗어난 까닭이요

---

248 『해절경解節經』은 『불설해절경佛說解節經』이니 一卷이다. 양梁나라 진제 번
역. 『해심밀경』의 승의제품勝義諦品과 같다.

두 번째는 멀리 떠나는 즐거움이니
욕망을 끊고 초선을 얻은 까닭이요
세 번째는 고요한 즐거움이니
이선二禪이 으뜸이 되어 각관覺觀을 쉰 까닭이요
네 번째는 보리의 즐거움이니
법에 대하여 여실하게 깨달은 까닭이요
다섯 번째는 열반의 즐거움이니
교화를[249] 쉬고 무여열반에 들어간 까닭이다.
저 『해절경』은 인간과 천상에 통하거니와[250] 지금에 경문은 오직
구경의 즐거움에만 통하나니
회석한 것은 가히 알 수가 있을 것이다.

鈔

依解節經인댄 說有五樂은 初會已具하니라

『해절경』을 의지한다면 다섯 가지 즐거움이 있다고 설하였다 한
것은 초회에 이미 갖추어 설하였다.[251]

---

249 원문 化 자 아래에 귀진歸眞 두 글자(二字)가 있기도 하다.
250 원문에 통인천通人天이라고 한 것은 一·四·五는 통인通人이고, 二·三은
　　통천通天이다.
251 원문에 초회이구初會已具라고 한 것은 초회初會 영자권盈字卷 상권上卷, 38장
　　下, 3행에 『선계경善戒經』의 오락五樂을 인용한 것이니, 의상義相이 서로
　　같은 까닭으로 지금 가리킨 것이다.

經

復作是念호대 我當與一切衆生으로 作調御師하고 作主兵臣하야 執大智炬하야 示安隱道하야 令離險難케하고 以善方便으로 俾知實義케하며 又於生死海에 作一切智의 善巧船師하야 度諸衆生하야 使到彼岸케하리라하니라

다시 이와 같은 생각을 하기를 내가 마땅히 일체중생으로 더불어 조어사가 되고 병사를 주간하는 신하가 되어 큰 지혜의 횃불을 잡아 안은한 길을 보여 하여금 험난한 길을 떠나게 하고 좋은 방편으로 하여금 진실한 뜻을 알게 하며
또 생사의 바다에 일체 지혜의 좋은 기술을 가진 뱃사공이 되어 모든 중생을 건네어 하여금 저쪽 언덕에 이르게 할 것이다 하였습니다.

疏

二에 保護中初는 示安隱道하야 令得菩提가 名知實義요 後에 又於下는 令度生死海하야 得大涅槃이 名到彼岸이라

두 번째 몸으로 보호하는 가운데 처음에는 안은한 길을 보여 하여금 보리를 얻게 하는 것이 이름이 진실한 뜻을 알게 하는 것이요 뒤에 또 생사의 바다라고 한 아래는 하여금 생사의 바다를 건너 대열반을 얻게 하는 것이 이름이 저쪽 언덕에 이르게 하는 것이다.

經

佛子야 菩薩摩訶薩이 以諸善根으로 如是迴向하나니 所謂隨宜하야 救護一切衆生하야 令出生死케하며 承事供養一切諸佛케하며 得無障礙一切智智케하며 捨離衆魔하고 遠惡知識하야 親近一切菩薩善友케하며 滅諸過罪하고 成就淨業케하며 具足菩薩의 廣大行願과 無量善根케하나니라

불자여, 보살마하살이 모든 선근으로써 이와 같이 회향하나니, 말하자면 마땅함을 따라 일체중생을 구호하여 하여금 생사를 벗어나게 하며
일체 모든 부처님을 받들어 섬기고 공양하게 하며
걸림이 없는 일체 지혜와 지혜를 얻게 하며
수많은 마군을 떠나보내고 악지식惡知識도 멀리하여 일체 보살 선지식을 친근하게 하며
모든 허물과 죄를 소멸하고 청정한 업을 성취케 하며
보살의 광대한 행원과 한량없는 선근을 구족하게 합니다.

疏

第三에 總結成益中에 初總標이요 所謂下는 別顯이라 別中初句는 救護요 餘皆成益이라

제 세 번째 모두 맺어 이익을 이루는 가운데 처음에는 한꺼번에

표한 것이요

말하자면이라고 한 아래는 따로 나타낸 것이다.

따로 나타낸 가운데 처음 구절은 중생을 구호하는 것이요

나머지 구절은 다 이익을 이루는 것이다.

經

佛子야 菩薩摩訶薩이 以諸善根으로 正迴向已에 作如是念호대
不以四天下에 衆生多故로 多日出現이라 但一日出하야 悉能普
照一切衆生하며 又諸衆生이 不以自身光明故로 知有晝夜하야
遊行觀察하야 興造諸業이라 皆由日天子出하야 成辦斯事니라
然彼日輪은 但一無二로다하나니

불자여, 보살마하살이 모든 선근으로써 바로 회향한 이후에 이와
같은 생각을 하기를 사천하에 중생이 많은 까닭으로 많은 태양이
나오는 것이 아니라 다만 하나의 태양이 나와서 다 능히 일체중생을
널리 비추며
또 모든 중생이 자신의 광명인 까닭으로 낮과 밤이 있는 줄 알아
유행하고 관찰하여 모든 업을 짓는 것이 아니라 다 태양(日天子)이
나옴을 인유하여 이 일을 이루어 갖추는 것이다.
그러나 저 태양은 다만 하나뿐 둘이 없다 하나니

疏

第四는 迴拔救護니 謂孤標大志하야 普爲衆生하고 而無冀望이라
文中二니 先喩後合이라 喩中有二하니 一은 獨照喩요 二에 又諸下
는 成益喩라

제 네 번째는 멀리까지 빼내어 구호하는 것이니

말하자면 큰 뜻을 단독으로 표하여 널리 중생만을 위하고 바라는
것이 없는 것이다.
경문 가운데 두 가지가 있나니
먼저는 비유요
뒤에는 법합이다.

비유 가운데 두 가지가 있나니
첫 번째는 단독으로 비추는 비유요
두 번째 또 모든 중생이라고 한 아래는 이익을 이루는 비유다.

經

菩薩摩訶薩도 亦復如是하야 修習善根하야 迴向之時에 作是念言호대 彼諸衆生이 不能自救어니 何能救他리요 唯我一人이 志獨無侶로다하야

보살마하살도 또한 다시 이와 같아서 선근을 닦아 익혀 회향할 때 이와 같은 생각을 하기를 저 모든 중생이 능히 자신도 구호하지 못하거니 어찌 능히 다른 사람을 구호하겠는가.
오직 내 한 사람만이 뜻이 고독하여 벗이 없구나 하여

疏

法合亦二니 先은 合獨照라

법합에도 또한 두 가지가 있나니
먼저는 단독으로 비추는 비유에 법합한 것이다.

經

修習善根하야 如是迴向하나니 所謂爲欲廣度一切衆生故며 普
照一切衆生故며 示導一切衆生故며 開悟一切衆生故며 顧復
一切衆生故며 攝受一切衆生故며 成就一切衆生故며 令一切
衆生歡喜故며 令一切衆生悅樂故며 令一切衆生斷疑故니라

선근을 닦아 익혀 이와 같이 회향하나니
말하자면 일체중생을 널리 제도하고자 하기 위한 까닭이며
일체중생을 널리 비추고자 하기 위한 까닭이며
일체중생에게 보여 인도하고자 하기 위한 까닭이며
일체중생에게 열어 깨닫게 하고자 하기 위한 까닭이며
일체중생을 돌아보고 기르고자[252] 하기 위한 까닭이며
일체중생을 섭수하고자 하기 위한 까닭이며
일체중생을 성취케 하고자 하기 위한 까닭이며
일체중생으로 하여금 환희케 하고자 하기 위한 까닭이며
일체중생으로 하여금 기쁘고 즐겁게 하고자 하기 위한 까닭이며
일체중생으로 하여금 의심을 끊게 하고자 하기 위한 까닭입니다.

疏

後에 修習下는 合前成益이니 卽正顯迴向이라 初之一句는 通其二

---

252 원문에 고복顧復은 부모가 자식을 보살펴 기르는 모습이다.

勢니 一은 成前이요 二는 標後라 所謂下는 別顯이라 文有十句하니
初總餘別이라 照謂照機요 顧復之義는 見於毛詩라 餘文可知라

뒤에 선근을 닦아 익힌다고 한 아래는 앞의 이익을 이루는 비유에
법합한 것이니,
곧 바로 회향을 나타낸 것이다.
처음에 한 구절[253]은 그 두 가지 문세에 통하는 것이니
첫 번째는 앞에 말을 성립한 것이요
두 번째는 뒤에 말을 표한 것이다.

말하자면이라고 한 아래는 따로 나타낸 것이다.
경문에 열 구절이 있나니
처음 구절은 총구요
나머지 구절은 별구이다.
비춘다고 한 것은 중생의 근기를 비추는 것을 말하는 것이요
돌아보고 기른다고 한 뜻은 『모시毛詩』[254]에 나타나 있는 말이다.
나머지 경문은 가히 알 수가 있을 것이다.

---

253 원문에 초일구初一句는 수습선근修習善根하야 여시회향如是迴向이라 한 것
이다.

254 『모시毛詩』는 한漢나라 모형毛亨과 모장毛萇이 전한 시전詩傳이니, 지금의
『시경詩經』이다.

鈔

顧復之義는 見於毛詩者는 詩云호대 父兮生我하고 母兮鞠我하며 拊
我畜我하며 長我育我하며 顧我復我하며 出入腹我라하얏거늘 鄭玄箋
云호대 顧는 視也요 復은 反也니 言子離雖近이나 猶步步反顧라하니
今菩薩도 於諸衆生에 亦爾하니라

돌아보고 기른다고 한 뜻은 『모시』에 나타나 있는 말이라고 한
것[255]은, 『모시』에 말하기를 아버지가 나를 낳으시고 어머니가 나를
기르시며[256] 나를 어루만지고[257] 나를 붙드시며[258] 나를 성장하고 나를
육성하시며 나를 돌아보고 나를 돌봐주시며 나가고 들어옴에 나를
안아주신다 하였거늘, 정현[259]전(『毛詩箋』)에 말하기를 고顧라고 한
것은 본다는 것이요 복復이라고 한 것은 반복한다는 것이니,
자식이 떠난 지가 비록 가깝지만 오히려 걸음걸음마다 반복하여
돌아보는 것을 말한다 하였으니,
지금에 보살도 모든 중생에게 또한 그렇게 한다는 것이다.

---

255 詩 자 아래 者詩라는 글자가 있는 것이 좋다. 북장경에는 있다.
256 鞠은 '기를 국' 자이다.
257 拊는 '어루만질 부' 자이다.
258 畜은 '붙들 축' 자이다.
259 정현鄭玄은 후한시대後漢時代 학자이니, 이 분이 모시毛詩에 주注를 단 것이
    『모시전毛詩箋』이다. 箋은 글이라는 뜻이다.

經

佛子야 菩薩摩訶薩이 復作是念호대 我應如日이 普照一切나 不求恩報인달하야 衆生有惡이라도 悉能容受하야 終不以此로 而捨誓願하며 不以一衆生惡故로 捨一切衆生하고 但勤修習善根迴向하야 普令衆生으로 皆得安樂케하리라하니라

불자여, 보살마하살이 다시 이와 같은 생각을 하기를 내가 응당 태양이 널리 일체 세계를 비추지만 은혜 갚기를 구하지 않는 것과 같아서 모든 중생이 나쁜 모습이 있을지라도 다 능히 수용하여 마침내 이것으로써 서원을 버리지 아니하며, 한 중생이 악한 까닭으로 일체중생을 버리지 않고 다만 부지런히 선근을 닦아 익혀 회향하여 널리 모든 중생으로 하여금 다 안락함을 얻게 할 것이다 하였습니다.

疏

第二大段에 我應如日이 普照一切下는 離相迴向이라 於中二니 先以忘機之智로 導前大悲하야 令成無緣이요 後에 安置下는 正明大智로 離衆生相이라 今初니 功高二儀나 而不仁이요 明逾日月이나 而彌昏故니라 於中先은 正明無私니 不求恩故로 能容受惡이요 爲普照故로 不以一惡으로 而捨衆多니 設盡背恩이라도 尙無嫌恨이어든 豈況一耶아

제 두 번째 큰 단락에 내가 응당 태양이 널리 일체 세계를 비추지만 은혜 갚기를 구하지 않는 것과 같다고 한 아래는 모습을 떠난 회향이다.

그 가운데 두 가지가 있나니

먼저는 중생의 근기를 잊은 지혜로써 앞의 대비를 인도하여 하여금 무연대비를 이루게 하는 것이요

뒤에 안치한다고 한 아래는 큰 지혜로 중생의 모습을 떠난 것을 바로 밝힌 것이다.

지금은 처음으로 그 공덕이 하늘과 땅의 두 가지 위의[260]보다 높지만 어질지 않은 것같이 하고, 그 밝은 것이 해와 달을 넘지만[261] 더욱 어두운 것같이 하는 까닭이다.

그 가운데 먼저는 사심이 없음을 바로 밝힌 것이니,

은혜 갚기를 구하지 않는 까닭으로 능히 악한 모습을 수용하는 것이요

널리 비추기 위한 까닭으로 한 중생이 악하다 하여 수많은 중생을 버리지 않나니,

설사 은혜를 모두 다 등질지라도 오히려 혐오하거나 한탄함이 없어야 할 것이어든 어찌 하물며 한 사람이겠는가.

---

260 원문에 이의二儀는 天, 地이다.
261 원문에 喩 자는 逾 자가 좋다. 초문에는 逾 자이다.

鈔

今初功高二儀等者는 卽肇論中文이니 用老子意라 老子云호대 天地
不仁하야 以萬物爲芻狗하고 聖人不仁하야 以百姓爲芻狗라하니 卽
道經에 道沖而用之章이라 注云不仁者는 不爲仁恩也요 芻狗는 有二
하니 河上公云호대 芻草요 狗畜이라하니 卽二物也라하며 御注云호대
結芻爲狗일새 不恃其警吠也라하니 大意는 明天地聖人이 無心恃其
仁德也니라 今菩薩亦然하야 菩薩功高나 而不恃하나니 般若觀空故
니라 而彌昏者는 若無所知也니라 言高二儀者는 二儀는 覆而不載하
고 載而不覆어니와 菩薩兼之니라 又但覆身하고 不能覆心과 及萬善
等이라 言明逾日月者는 日月之明은 不兼晝夜어니와 大悲菩薩은 長
燭幽昏하며 日月照身하고 不能照心이어니와 菩薩智慧는 反此하야
無法不照니라 故下文云호대 不求恩報라하니 卽不仁等의 義也니라

지금은 처음으로 공덕이 하늘과 땅의 위의보다 높다고 한 등은
곧 『조론』 가운데 문장이니 노자의 뜻을 인용하였다.
노자가 말하기를 천지는 어질지 않는 것같이 하여 만물로써 추구芻
狗[262]를 삼고, 성인은 어질지 않는 것[263]같이 하여 백성으로써 추구를

---

262 추구芻狗는 옛날에 신에게 제사지낼 때 짚을 엮어 개를 만들어 제사에
    사용하고 제사가 끝나면 길가에 버렸다. 즉 천지는 어질다는 생각이 없어
    만물을 자유롭게 추구처럼 그냥 버려둔다는 것이다.
263 원문에 不仁은 어질지 않다는 것이 아니라 만물萬物을 생성하고도 만물을
    생성하였다는 생각을 갖지 않는다는 것이다. 그것이 진정으로 큰 인덕仁德인
    것이다. 성인聖人도 마찬가지이다.

삼는다 하였으니,

곧 『도덕경』 도충이용지장道沖而用之章[264]이다.

주注에 말하기를 어질지 않다고 한 것은 어질고 은혜롭다 하지 않는 것이요

추구芻狗라고 한 것은 두 가지 뜻이 있나니,

하상공河上公이 말하기를 추芻는 풀이요, 구拘는 가축이라 하였으니 곧 두 가지 물건이다 하였으며

어주御注[265]에 말하기를 풀을 엮어 개를 만들었기에 그 개가 놀라 짖는[266] 것을 믿지 않는다 하였으니,

대의는 천지와 성인이 마음에 그 인덕仁德을 믿지 않는다는 것을 밝힌 것이다.

지금에 보살도 또한 그러하여 보살이 공덕이 높지만 그 공덕을 믿지 않나니 반야로 공을 관찰하는 까닭이다.

더욱 어두운 것같이 한다고 한 것은 알 바가 없는 것과 같이 한다는 것이다.

하늘과 땅의 두 가지 위의보다 높다고 말한 것은 두 가지 위의는 하늘은 덮지만 싣지는 못하고 땅은 싣지만 덮지는 못하거니와,

---

264 원문에 도충이용지장道沖而用之章은 착오이다. 『도덕경道德經』 第四章은 도충이용지장道沖而用之章이고, 천지불인天地不仁 운운은 第五章인 천지불 인장天地不仁章이다.

265 어주御注는 당나라 현종을 말한다. 현종의 아들이 이통현李通玄 장자長子이다.

266 원문에 吠는 '짖을 폐' 자이다.

보살은 그 두 가지를 겸하였다.
또 다만 몸만 덮고 능히 마음과 그리고 만 가지 선법을 덮지 못하는
등이다.

밝은 것이 해와 달을 넘는다고 말한 것은 해와 달의 밝은 것은
낮과 밤을 겸하지 못하거니와 대비보살은 깊은 어둠조차 길이 비
추며
해와 달은 몸만 비추고 능히 마음은 비추지 못하거니와 보살의
지혜는 이것을 돌이켜 법마다 비추지 아니함이 없는 것이다.
그런 까닭으로 아래 경문[267]에 말하기를 은혜 갚기를 구하지 않는다
하였으니,
곧 어질지 않는 것같이 한다는 등의 뜻이다.

經

善根雖少나 普攝衆生하야 以歡喜心으로 廣大迴向하나니 若有
善根이라도 不欲饒益一切衆生인댄 不名迴向이요 隨一善根하야
普以衆生으로 而爲所緣하야사 乃名迴向이리라

선근은 비록 적지만 중생을 널리 섭수하여 환희심으로 광대하게
회향하나니
만약 선근이 있을지라도 일체중생을 요익케 하고자 하지 않는다면
회향한다 이름할 수 없고, 한 선근을 따라 널리 중생으로 반연할
바를 삼아야 이에 회향한다 이름할 것입니다.

疏

後에 善根雖少下는 顯成廣大라 大智導悲하야 能普緣故니 如聲
入角하면 小亦遠聞하니라

뒤에 선근은 비록 적지만이라고 한 아래는 광대한 회향을 나타내어
성립한 것이다.
큰 지혜로 자비를 인도하여 능히 널리 반연하는 까닭이니,
마치 소리가 피리 속(角笛)에 들어가면 적지만 또한 멀리까지 들리는
것과 같다.

經

安置衆生於無所著法性迴向과 見衆生自性이 不動不轉迴向과
於迴向無所依無所取迴向과 不取善根相迴向과 不分別業報
體性迴向과 不著五蘊相迴向과 不壞五蘊相迴向과 不取業迴
向과 不求報迴向과 不染著因緣迴向과 不分別因緣所起迴向과
不著名稱迴向과 不著處所迴向과 不著虛妄法迴向과

중생을 집착하는 바가 없는 법성에 안치하는 회향과
중생의 자성이 동요하지 않고 전변하지 않음을 보는 회향과
의지하는 바도 없고 취할 바도 없음에 회향하는 회향과
선근의 모습을 취하지 않는 회향과
업보의 체성을 분별하지 않는 회향과
오온의 모습에 집착하지 않는 회향과
오온의 모습을 무너뜨리지 않는 회향과
업을 취하지 않는 회향과
과보를 구하지 않는 회향과
인연에 물들거나 집착하지 않는 회향과
인연이 일어나는 바를 분별하지 않는 회향과
명칭에 집착하지 않는 회향과
처소에 집착하지 않는 회향과
허망한 법에 집착하지 않는 회향과

疏

第二는 正明離相迴向이니 謂向實際라 然一一隨相이 皆具如下
諸句離相이니 說有前後언정 行在一心하니라

제 두 번째는 모습을 떠난 회향을 바로 밝힌 것이니,
말하자면 실제에 회향하는 것이다.
그러나 낱낱이 모습을 따르는 회향이 다 아래의 모든 구절에 모습을
떠난 회향과 같음을 갖추었으니,
설하는 것은 전후가 있을지언정[268] 행하는 것은 한 마음[269]에 있는
것이다.

鈔

然一一隨相等者는 且如上向一衆生하야 卽安置衆生於無所著法
性迴向等諸句요 又如大般若에 隨一離相하야 遍歷八十餘科之相
하며 如一淸淨이 遍歷色等이라하니 今不欲繁文일새 故各倂一處耳
니라

그러나 낱낱이 모습을 따른다고 한 등은 또한 위에 한 중생[270]을

---

268 원문에 설유전후說有前後 운운은 영인본 화엄 7책, p.611에도 설출說出하
     였다.
269 원문에 一心은 보살菩薩의 일심一心이다.
270 원문에 一衆生은 北藏에는 一切衆生이라 하였다.

향하여 곧 중생을 집착하는 바가 없는 법성에 안치하는 회향이라한 등 모든 구절과 같고

또 『대반야경』에 하나의 모습을 떠난 것을 따라 팔십여 과科의모습을 두루 지나며 하나의 청정이 색 등色等에 두루 지나는 것과같다 하였으니,

지금에는 문장을 번잡하게 하고자 않기에 그런 까닭으로 각각 한곳에 병합하였다.

疏

文分爲二리니 先은 正明離相이요 後에 菩薩如是下는 總結成益이라 前中에 義雖總通이나 且取文便하야 略分爲二리니 先은 會前迴向衆生하야 明入實際요 後에 以如是等下는 會前迴向菩提하야明入實際라 然入實際가 卽事理無礙故로 前段에도 亦明不離蘊等이요 後段에도 亦明離我我所니라 前中二니 先은 廣明離善根迴向之相이요 二에 解一切下는 雙結二相이라 前中에 有二十一迴向은 分四리니 初十四句는 離所取相이요 次二句는 離能取相이요三一句는 離能詮名言이요 四有四句는 顯如如理니 由離妄想하야成正智故로 令前名相으로 皆卽如如케하니라

경문을 나누어 두 가지로 하리니
먼저는 모습을 떠난 회향을 바로 밝힌 것이요
뒤에 보살이 이와 같이[271] 회향할 때라고 한 아래는 모두 맺어 이익을

이루는 것이다.

앞에 모습을 떠난 회향 가운데 뜻을 비록 모두 통석하였지만 또한 경문의 편리함을 취하여 간략하게 나누어 두 가지로 하리니

먼저는 앞에 중생에게 회향한 것을 회통하여 실제에 들어감을 밝힌 것이요

뒤272에 이와 같은 등 선근회향이라고 한 아래는 앞에 보리에 회향한 것을 회통하여 실제에 들어가는 것을 밝힌 것이다.

그러나 실제에 들어가는 것이273 곧 사리무애인 까닭으로 전단에는274 또한 오온 등을 떠나지 아니하였다고 밝혔고, 후단에는 또한 아我와 아소我所를 떠났다고 밝힌 것이다.

앞275의 가운데 두 가지가 있나니

먼저는 선근회향의 모습을 떠난 것을 널리 밝힌 것이요

---

271 원문에 후보살여시後菩薩如是라고 한 것은 영인본 화엄 7책, p.548, 1행이다.

272 뒤에 이와 같은 등 운운은 영인본 화엄 7책, p.543, 5행이다.

273 그러나 실제에 들어가는 것이 운운한 것은 여기에 말하기를 실제가 혹 진리가 된다고 의심하는 까닭으로 여기에 진리와 사실이 걸림이 없음을 회통하여 실제를 삼은 것이다. 역시 『잡화기』의 말이다.

274 전단이라고 한 등은 이것은 전단과 후단에 오온의 상대를 잡아 진리와 사실이 걸림이 없음을 밝힌 것이니, 전단은 곧 집착하지 않지만 무너뜨리지 않는 까닭으로 진리가 곧 사실임을 성립하는 것이요, 또 차단此段의 무너뜨리지 않는 것으로써 후단의 아我와 아소我所를 떠났다는 것을 바라본다면 곧 사실이 곧 진리임을 성립하는 것이다. 역시 『잡화기』의 말이다.

275 앞이란, 회전회향중생會前回向衆生하야 명입실제明入實際이다.

두 번째 일체법이 없는 줄 안다고 한 아래는 두 가지 모습을 함께 맺는 것이다.

앞에 선근회향의 모습을 떠난 것을 밝히는 가운데 스물한 가지 회향이 있는 것을 네 가지로 나누리니

처음에 열네 구절은 취할 바 모습을 떠나는 것이요

다음에 두 구절은 능히 취하는 모습을 떠나는 것이요

세 번째 한 구절은 능히 설명할 명언名言을 떠나는 것이요

네 번째 네 구절이 있는 것은 여여의 이치를 나타낸 것이니, 망상을 떠나 바른 지혜를 이룸을 인유한 까닭으로 앞에 명상名相으로 하여금 다 여여에 즉하게 하는 것이다.

鈔

初十四句等者는 此中에 即具五法하니 一은 相이요 二는 妄想이요 三은 名이요 四는 如如요 其正智는 含在離妄之中이라

처음에 열네 구절이라고 한 등은 이 가운데 곧 다섯 가지 법을 갖추었나니

첫 번째는 모습이요

두 번째는 망상이요

세 번째는 이름이요

네 번째는 여여如如요

그 바른 지혜[276]는 망상을 떠난 가운데 포함되어 있다.

疏

今初에 初總餘別이라 總은 謂令所向衆生으로 契同所向實際일새
故名安置니라 實際는 卽法性이니 性自無著이라

지금은 처음으로 처음 구절은 총구요
나머지 구절은 별구이다.
총구는 말하자면 회향할 바 중생으로 하여금 회향할 바 실제에
계합하여 같게 하기에 그런 까닭으로 이름을 안치한다 하였다.
실제는 곧 법성이니 자성이 스스로[277] 집착이 없는 것이다.

鈔

性自無著者는 揀非修成無著이니 修成文은 在安置之中이라

자성이 스스로 집착이 없다고 한 것은 닦아 이루어서 집착이 없는
것이 아님을 가린 것이니,
닦아 이루었다고 한 경문은 법성에 안치하였다고 한 가운데 포함되
어 있다.

---

276 원문에 정지正智는 第五이다.
277 원문에 自는 本之意니 즉 본래라는 뜻이다.

疏

別中二니 前十入理요 後三離過라 今初初句는 遣所向衆生이니
了自性故로 不著하야 凝然不動하고 隨緣不變이라 二는 遣能迴悲
願이니 不依於悲하고 不取願相이라 三은 遣所迴善根이요 四는
遣所獲果報요 五六二句는 雙明起行之身과 及所向衆生之相이
니 卽眞故不著하고 卽俗故不壞라 七은 遣所成業行이요 八은 遣所
得報相이니 上八遣體니라 九는 總顯諸事의 能成因緣이요 十은
總明前事의 從緣所起라 明上迴向이 不出前十이니 由後二句故
로 無性이요 無性故로 卽法性이니 故無所著이라

별구 가운데 두 가지가 있나니
앞에 열 구절은 진리에 들어가는 것이요
뒤에 세 구절은 허물을 떠나는 것이다.

지금은 처음으로 처음 구절은 회향할 바 중생을 보내는 것이니,
자성을 요달한 까닭으로 집착하지 아니하여 응연히 동요하지 않고
인연을 따라 변하지 않는 것이다.
두 번째 구절은 능히 회향하는 자비와 서원을 보내는 것이니,
자비에도 의지하지 않고 서원의 모습도 취하지 않는 것이다.
세 번째 구절은 회향할 바 선근을 보내는 것이요
네 번째 구절은 얻을 바 과보를 보내는 것이요
다섯 번째와 여섯 번째의 두 구절은 행을 일으키는 몸[278]과 그리고

회향할 바 중생의 모습을 함께 밝힌 것이니,

진제에 즉한 까닭으로 집착하지 않고 속제에 즉한 까닭으로 무너뜨리지 않는 것이다.

일곱 번째 구절은 이룰 바[279] 업행을 보내는 것이요

여덟 번째 구절은 얻을 바 과보의 모습을 보내는 것이니,

위에 여덟 구절[280]은 자체를 보내는 것이다.

아홉 번째 구절은 모든 일이 능히 인연으로 이루어지는 것을 한꺼번에 나타낸 것이요

열 번째 구절은 앞에 일이 인연으로 좇아 일어나는 바를 한꺼번에 밝힌 것이다.

위에 모습을 따르는 회향이 앞에 열 가지[281] 모습을 떠나는 회향을 벗어나지 아니함을 밝힌 것이니,

뒤에 두 구절[282]을 인유한 까닭으로 자성이 없고 자성이 없는 까닭으

---

278 원문에 기행지신起行之身이라고 한 것은 기행보살지신起行菩薩之身으로, 행行을 일으키는 보살菩薩의 몸이다.

279 원문에 소성所成 운운은 위에 第四에 소획과보所獲果報는 소향所向의 중생衆生에게 속하고, 此第七에 소성업행所成業行과 第八에 소득보상所得報相은 기행보살起行菩薩에 속한다. 역시 『잡화기』의 말이다.

280 원문에 上八이라 한 八 자를 舊本 疏에는 四라 하였으니, 此第八에 所得報相과 第四에 所獲果報를 구분한 것이다. 그러나 上八로 그대로 본다면 위에 여덟 구절은 총체적으로 해석한 것이라 볼 수 있다. 『잡화기』는 四는 八의 잘못이라 하였다.

281 원문에 상회향上回向은 수상회향隨相回向이고 전십前十은 전리상회향前離相回向이다.

로 곧 법성이니,
그런 까닭으로 집착하는 바가 없는 것이다.

鈔

了自性者는 自性卽眞如니 具不變隨緣故라 九總顯等者는 諸事는
卽能迴能向等이 皆從緣生故니라 明上迴向이 不出於十者는 卽總
結也라 由後二句等者는 二句는 卽能成因緣과 及緣所起니 以從緣
起일새 故無性也니라 無性等者는 結歸總句의 安置衆生於無所著法
性迴向也니 以總該別일새 故皆無著也니라

자성을 요달한다고 한 것은 자성이라고 한 것은 곧 진여이니 변하지
않는 것(不變)과 인연을 따르는 것(隨緣)을 갖춘 까닭이다.
아홉 번째 한꺼번에 나타낸다고 한 등은 모든 일이라고 한 것은
곧 능회能回와 능향能向 등이 다 인연을 좇아 생기하는 까닭이다.

위에 모습을²⁸³ 따르는 회향이 앞에 열 가지 모습을 떠나는 회향을

---

282 원문에 후이구後二句라고 한 것은 十句中에 後二句니 然則隨相이 不出離相하
고 離相이 不出後二句하고 後二句가 不出無性하고 無性이 不出總句也라.
즉 열 구절 가운데 뒤에 두 구절이니 그러한즉 모습을 따르는 회향이 모습을
떠나는 회향을 벗어나지 않고, 모습을 떠나는 회향이 뒤에 두 구절을 벗어나
지 않고, 뒤에 두 구절이 자성이 없는 것을 벗어나지 않고, 자성이 없는
것이 처음 총구를 벗어나지 않는 것이다.
283 원문에 명상등자明上等者는 第十句이다.

벗어나지 아니함을 밝힌 것이라고 한 등은 곧 모두 맺는 것이다.
뒤에 두 구절을 인유한다고 한 등은 두 구절이라고 한 것은 곧
능히 인연으로 이루어진다고 한 것과 그리고 앞에 일이 인연으로
좇아 일어나는 바라고 한 것이니,
인연으로 좇아 일어나기에 그런 까닭으로 자성이 없는 것이다.
자성이 없다고 한 등은 총구에 중생을 집착하는 바가 없는 법성에
안치하는 회향이라고 한 것에 귀결한 것이니,
총구로써 별구를 갖추기에 그런 까닭으로 다 집착하는 바가 없는
것이다.

疏

後三은 離過니 一은 不著虛名이요 二는 不著報處요 三은 不著敬養
等이니 名虛妄法이라

뒤에 세 구절은 허물을 떠나는 것이니
첫 번째 구절은 허망한 이름에 집착하지 않는 것이요
두 번째 구절은 의보의 처소에 집착하지 않는 것이요
세 번째 구절은 공경하고 봉양하는 등에 집착하지 않는 것이니,
이름이 허망한 법이 되는 것이다.

經

不著衆生相과 世界相과 心意相廻向과 不起心顚倒와 想顚倒와 見顚倒廻向과

중생의 모습과 세계의 모습과 마음과 뜻의 모습에 집착하지 않는 회향과
마음의 거꾸러짐과 생각의 거꾸러짐과 소견의 거꾸러짐을 일으키지 않는 회향과

疏

二에 離能取相中에 初句는 對所說能이요 後句는 別無三倒니 謂於前諸事起心하야 分別常無常等이 名爲心倒요 於常等境에 取分齊相이 名爲想倒요 於相執實이 名爲見倒라 翻背正信일새 立以倒名이니 翻上하면 名爲不起三倒니라

두 번째 능히 취하는 모습을 떠나는 가운데 처음 구절은 취할 바를 상대하여 능히 취하는 것을 말한 것이요[284]

---

284 원문에 대소설능對所說能이라고 한 것은 경문經文에 第一에 중생상衆生相과 第二에 세계상世界相은 소취所取이고, 第三에 심의상心意相은 능취能取이다. 說能下에 疏本에는 위소회향처謂所回向處 능회향심能回向心이라는 九字가 있나니, 즉 중생상衆生相과 세계상世界相은 소회향처所回向處이고, 심의상心意相은 능회향심能回向心이다. 따라서 대소설능對所說能이라 한 것이

뒤에 구절은 세 가지 거꾸러짐이 없는 것을 따로 말한 것이니,
말하자면 앞의 모든 일[285]에 마음을 일으켜 상常과 무상無常 등을
분별하는 것이 이름이 마음의 거꾸러짐이 되는 것이요

상常 등의 경계에 경계의 모습(分齊相)을 취하는 것이 이름이 생각의
거꾸러짐이 되는 것이요

모습이 진실인 줄 집착하는 것이 이름이 소견의 거꾸러짐이 되는
것이다.

바른 믿음을 엎어 등지기에 거꾸러졌다는 이름을 세웠으니,
위에 세 가지 거꾸러짐을 번복한다면 이름이 세 가지 거꾸러짐을
일으키지 않는 것이 되는 것이다.

疏

故大品十七에 彌勒이 語須菩提言호대 新發意菩薩이 隨喜諸佛
과 及佛弟子의 善根已에 迴向菩提호대 云何不墮想心見倒고 須
菩提言호대 於彼善根에 心不生想하며 用此心하야 迴向菩提호대
於此迴向心에도 亦不生心想이니 如是迴向하면 則非想倒와 心倒
見倒어니와 若取相迴向하면 爲想心見倒라하니라 光明覺品云호
대 若於一切智에 發生迴向心호대 見心無有生하면 當獲大名稱이

다. 『잡화기』에는 다만 위에 二相은 所取이고 心意相은 能取이다. 說能이
라 한 아래에 소본에는 謂所回向處, 能回向心이라는 아홉 글자가 있다고만
하였다.

285 원문에 전제사前諸事란, 第九에 제사능성인연등諸事能成因緣等이다.

라하니 此亦無三倒也니라 若依大般若第二會에 隨喜迴向品意하면 則上諸事가 皆盡滅離變하나니 此中何者가 是諸事耶아 若菩薩이 知此一切와 乃至菩提가 皆無所有하고 而復能行隨喜迴向하면 則非想心見倒니 以無所得으로 爲方便故니라

그런 까닭으로『대품반야경』[286] 십칠권에 미륵보살이 수보리에게 일러 말하기를 처음 뜻을 일으킨 보살이 모든 부처님과 그리고 부처님 제자들의 선근을 따라 기뻐한 이후에 보리에 회향하되 어떻게 해야 생각과 마음과 소견의 거꾸러짐에 떨어지지 않겠는가. 수보리가 말하기를 저들의 선근에 마음이 생각을 일으키지 말며 이 마음을 써서 보리에 회향하되 이 회향하는 마음에도 또한 마음이 생각을 일으키지 말아야 할 것이니, 이와 같이 회향한다면 곧 생각의 거꾸러짐과 마음의 거꾸러짐과 소견의 거꾸러짐이 되지 않거니와 만약 모습을 취하여 회향한다면 생각의 거꾸러짐과 마음의 거꾸러짐과 소견의 거꾸러짐이 되는 것입니다 하였다.

광명각품에 말하기를 만약 일체 지혜에 회향하려는 마음을 일으키되 마음이 일어난 적이 없는 줄 본다면 마땅히 큰 명성을 얻을 것이다 하였으니,

---

286 대품반야大品般若는 대장경大藏經에『마하반야경摩訶般若經』이라고 되어 있다. 대품반야大品般若를 찾으면 없다.『마하반야경』十一卷, 수희품隨喜品에 나온다. 고려장경본高麗藏經本 二十七卷 가운데 十一卷에 나온다. 그리고 성어장본聖語藏本은 四十卷 가운데 十七卷에 나온다.

이것도 또한 세 가지 거꾸러짐이 없다는 것이다.

만약 『대반야경』 제이회[287]에 수희회향품의 뜻을 의지한다면 곧
위에 모든 일이 다 끝내 사라지고 이별하여 변천하나니,
이 가운데 어떤 것이 모든 일이 되는가.[288]
만약 보살이 이 일체와 내지 보리가 다 있는 바가 없는 줄 알고
다시 능히 따라 기뻐하는 회향을 행한다면 곧 생각의 거꾸러짐과
마음의 거꾸러짐과 소견의 거꾸러짐이 되지 않을 것이니,
얻을 바가 없는 것으로써 방편을 삼는 까닭이다.

鈔

故大品下는 卽隨喜迴向品이니 引文小略이라 若具經云인댄 爾時에
彌勒菩薩이 語須菩提호대 若新發意菩薩이 念諸佛과 及佛弟子의
諸善根하야 隨喜하면 功德은 最上第一이며 最妙無上이며 無與等者
니라하고 隨喜已에 應迴向菩提호대 云何菩薩이 不墮想顚倒와 心顚
倒와 見顚倒고 須菩提言호대 若菩薩이 念諸佛及僧호대 於中에 不生
佛想하고 不生僧想하고 不生善根想하며 用是心하야 迴向菩提호대
心中에도 亦不生心想이니 菩薩如是迴向하면 想不顚倒하며 心不顚

287 원문에 대반야제이회大般若第二會는 六百卷 가운데 百六十八卷부터 百六十
九卷이다. 第二會란 四處 十六 가운데 第二會이다.
288 원문에 하자시제사야何者是諸事耶는 本經엔 하등시소용심何等是所用心가라
고 하였다.

倒하며 見不顚倒어니와 若菩薩이 念諸佛과 及僧善根하야 取相하고
取相已에 迴向菩提하면 名爲想顚倒며 心顚倒며 見顚倒라하얏거늘
智論釋云호대 須菩提答호대 若是菩薩이 以般若波羅蜜의 方便力故
로 能於諸佛에 不生佛想하고 及弟子諸善根中에 不生善根想하며 一
切法이 從和合生하야 無有自性故로 無有實法이 名爲佛인댄 是不生
佛等想이요 是迴向心에도 亦不生心想이니 是故菩薩이 不墮顚倒라
하니라 三에 若依大般若第二會는 正當別行大品이니 文辭小異나 大
旨無別이라 而大品所引經末에 亦云호대 若菩薩摩訶薩이 用是心하
야 念諸佛及僧과 諸善根하면 是心念時에 卽知盡滅하며 若盡滅法을
是不可得이면 迴向心도 亦是盡滅相이요 所迴向處及法도 亦如是相
이라하니라 而有人謂호대 二經全別이라하니 故疏影略引之호대 皆明
性空하야 心無取耳니라

그런 까닭으로 『대품반야경』이라고 한 아래는 곧 수희회향품이니,
인용한 경문이 조금 생략되었다.
만약 경문을 갖추어 말한다면 그때에 미륵보살이 수보리에게 일러
말하기를 만약 처음 뜻을 일으킨 보살이 모든 부처님과 그리고
부처님 제자들의 모든 선근을 생각하여 따라 기뻐한다면 그 공덕은
가장 높아 제일이며 가장 묘하여 더 이상 없으며 더불어 같을 이가
없을 것이다 하고 따라 기뻐한 이후에 응당 보리에 회향하되, 어떻게
해야 보살이 생각의 거꾸러짐과 마음의 거꾸러짐과 소견의 거꾸러짐
에 떨어지지 않겠는가.
수보리가 말하기를 만약 보살이 모든 부처님과 그리고 스님을 생각

하되 그 가운데 부처님이라는 생각도 일으키지 말고 스님이라는
생각도 일으키지 말고 선근이라는 생각도 일으키지 말며 이 마음을
써서 보리에 회향하되 회향하는 마음 가운데도 또한 마음이라는
생각을 일으키지 말아야 할 것이니,

보살이 이와 같이 회향한다면 생각이 거꾸러지지 않을 것이며 마음
이 거꾸러지지 않을 것이며 소견이 거꾸러지지 않을 것이어니와,
만약 보살이 모든 부처님과 그리고 스님과 선근을 생각하여 모습을
취하고 모습을 취한 이후에 보리에 회향한다면 이름이 생각이 거꾸
러지며 마음이 거꾸러지며 소견이 거꾸러짐이 되는 것입니다 하였
거늘

『지도론』[289]에 해석하여 말하기를 수보리가 대답하여 말하기를 만약
이 보살이 반야바라밀의 방편력인 까닭으로 능히 모든 부처님에게
부처님이라는 생각도 일으키지 말고 그리고 제자들의 모든 선근
가운데 선근이라는 생각도 일으키지 말며 일체법이 화합으로 좇아
생기하여 자성이 없는 까닭으로 진실한 법이 없는 것이 이름이
부처님이 된다고 하였다면, 이것은 부처님이라는 등의 생각을 일으
키지 않는 것이요 이것은 회향하는 마음에도 또한 마음이라는 생각
을 일으키지 않는 것이니,

이런 까닭으로 보살이 거꾸러짐에 떨어지지 않는다 하였다.

---

289 『지도론智度論』은 『마하반야바라밀경摩訶般若波羅蜜經』을 해석한 것임을 당
　　연히 알 것이다.

세 번째[290] 만약『대품반야경』제이회에 수희회향품의 뜻을 의지한다
면이라고 한 것은 바로 별행본『대품반야경』에 해당하나니
문장은 조금 다르지만 큰 뜻은 다름이 없다.

『대품반야경』의 인용한 바 경의 끝[291]에 또한 말하기를 만약 보살마하
살이 이 마음을 써서 모든 부처님과 그리고 스님과 모든 선근을
생각한다면 이 마음으로 생각할 때에 곧 다 사라지는 줄 알며,
만약 다 사라지는 법을 이에 가히 얻을 수 없다면 회향하는 마음도
또한 다 사라지는 모습일 것이요

회향할 바 처소와 그리고 법도 또한 이와 같은 모습일 것이다 하였다.
어떤 사람이 말하기를 두 경전[292]이 온전히 다르다 하였으니,
그런 까닭으로 소문에서 그윽이 생략하여 인용하되[293] 다 자성이
공하여 마음에 취착함이 없다고 이름하였다.

---

290 第三이란, 第一은 大品十七卷이고, 第二는 光明覺品이고, 第三은 此大般若
二會이다.

291 원문에 대품소인경말大品所引經末이라고 한 것은 大品十七卷 末이다.

292 원문에 이경二經이란,『대품경大品經』과『대반야경大般若經』이다.

293 원문에 영략인지影略引之라고 한 것은『잡화기雜華記』에『대품반야경大品般
若經』에는 처음에 불생상不生想이라는 경문經文을 인용하고『대반야경大般若
經』에는 끝에 진멸법盡滅法이라는 경문을 인용한 까닭이니, 그 뜻은 이 두
가지 경문을 회통會通하여 하여금 같은 줄 알게 하고자 하는 까닭이다 하였다.
또『대품경大品經』은 심무취心無取를 영략影略하고,『대반야경大般若經』은
성공性空을 영략影略하여 인용하였다는 것이다. 불생상不生想은 영인본 화엄
7책, p.532, 8행에 불생불상등不生佛想等이고, 진멸법盡滅法은 영인본 화엄
7책, p.533, 말행末行에 있다. 名 자는 北藏에 明 자이다.『잡화기』에는
名은 明의 잘못이라 하였다.

疏

然이나 小乘或說호대 想心見三이 次第而起라하며 或說一時로대
義分前後니 心想非倒나 由見亂故로 立以倒名라하니 雖諸說不
同이나 皆六識建立이라 若大乘中인댄 亦有多說하니 一은 云依七
識心하야 義分三倒리니 謂七識妄心이 性是乖理하야 顚倒之法일
새 名爲心倒요 依是心故로 便有一切妄境界生이 如依夢心하야
有夢境起하나니 卽於彼境에 妄取其相일새 說爲想倒요 於所取法
에 執實分明할새 說爲見倒니라 依此三倒하야 於爲無爲境에 起常
無常等의 八種顚倒라하니라 諸宗異說은 恐厭繁文하니라

그러나 소승은 혹 말하기를 생각과 마음과 소견의 세 가지가 차례로
일어난다 하였으며
혹 말하기를 일시이지만[294] 뜻으로 전후를 나누었을 뿐이니,
마음과 생각은 거꾸러진 적이 없지만 소견이 산란함을 인유한 까닭
으로 거꾸러졌다는 이름을 세운다 하였으니,
비록 모든 학설이 같지 않지만 다 육식으로 건립하는 것이다.

만약 대승 가운데라면 또한 수많은 학설이 있나니
첫 번째는 말하기를 칠식의 마음을 의지하여 뜻으로 세 가지 거꾸러
짐을 나누리니,
말하자면 칠식의 망심이 그 자성이 진리에 어기어 거꾸러진 법이기

---

294 원문에 혹설일시或說一時라고 한 것은 법구논사法救論師의 학설學說이다.

에 이름이 마음의 거꾸러짐이 되는 것이요

이 마음을 의지한 까닭으로 곧 일체 허망한 경계가 생기함이 있는 것이 마치 꿈의 마음을 의지하여 꿈의 경계가 생기함이 있는 것과 같나니, 곧 저 경계에 그 모습을 허망하게 취하기에 생각의 거꾸러짐이 된다고 말하는 것이요

취할 바 법에 진실이라고 집착하여 분명히 하기에 소견의 거꾸러짐이 된다고 말하는 것이다.

이 세 가지 거꾸러짐을 의지하여 유위의 경계와 무위의 경계에 상常과 무상無常 등[295] 여덟 가지 거꾸러짐[296]을 생기한다 하였다.

모든 종파의 다른 학설은 번잡한 문장을 싫어할까 염려하였다.

鈔

然小乘或說下는 第三에 釋不同이니 略擧三說이라 小乘有二하니 初에 卽分別論者는 說想心見이 次第起니 謂初發微想하야 常無常等이요 次重起心하야 緣前之想하야 取爲定實이요 後見成就하야 於所取中에 執見分明이니 此卽三心이 俱是倒也라하니라 若釋名者인댄 想謂取境分齊之相이요 見謂推求요 心謂積集이라 此中想等은 體卽是

---

295 등이란, 고苦와 부정不淨이다.

296 원문에 팔종전도八種顚倒라고 한 것은 유위有爲에는 무상無常에 계상計常과 무아無我에 계아計我와 고苦에 계락計樂과 부정不淨에 계정計淨이고, 무위無爲에도 또한 이와 같이 사전도四顚倒가 있어 팔종전도八種顚倒이다.

倒니 皆持業釋이라 或說一時者는 卽法救論師라 心想見三은 同時義
分이니 唯見是倒요 餘二非倒로대 與見相應하야 爲見所亂일새 名之
爲倒니라 是故로 見唯持業이요 餘二依主라 俱舍論主가 正扶此義니
頌云호대 四顚倒自體는 謂從三見生이니 唯倒推增故로 想心隨見力
이라하얏거늘 釋曰初兩句는 出體요 第三句는 廢立이요 第四句는 通經
이라 初出體者는 謂邊見中에 唯取常見하야 以爲常倒하고 見取中에
唯取計樂淨하야 爲樂淨倒하고 於身見中에 唯取我見하야 以爲我倒
也니라 唯倒推增故者는 廢立也라 此擧三因하야 以立四倒니 一은
一向倒일새 故云唯倒也요 二는 推度性故요 三은 妄增益故라 餘는
或無此三因이니 謂戒禁取는 非一向倒니 執有漏道하야 得淨涅槃에
雖非究竟에 斷惑證滅이나 而能暫時에 離染證滅하야 緣爲淨故요 斷
見邪見은 非妄增益이니 無行轉故요 餘貪瞋等은 不能推度이니 非見
性故니라 是故諸惑은 非顚倒體니라 言想心隨見力者는 通經也라 謂
有問云호대 若唯見是倒인댄 何故經言호대 於非常計常하야 有想心
見三倒하며 於苦不淨非我에 亦有想心見三倒고 答理實唯見是倒
요 想心隨見하야 亦立倒名이니 與見相應이라 故行相이 同常樂我淨
하나니 三四十二故니라 此十二倒는 依婆沙師인댄 預流에 永斷見及
相應이니 見所斷故라하니라 餘如彼說하니라 依此釋名인댄 想謂取境
分齊요 見謂推求요 心謂積集이라

그러나 소승은 혹 말하였다고 한 아래는 제 세 번째 해석이 같지
않는 것이니,
간략하게 세 가지 학설을 거론한 것이다.

소승에 두 가지가 있나니

처음에 곧 분별논사[297]는 말하기를 생각과 마음과 소견이 차례로 일어나는 것이니,

말하자면 처음에는 작은 생각을 일으켜 영원하다 무상하다 한 등이요

다음에는 거듭 마음을 일으켜 앞에 생각을 반연하여 결정코 진실하다고 취착하는 것이요

뒤에는 소견을 성취하여 취착하는 바 가운데 집착하는 소견이 분명한 것이니, 이것은 곧 세 가지 마음이 함께 거꾸러진 것이다 하였다.

만약 이름을 해석한다면 생각이라고 한 것은 경계의 차별한 모습을 취하는 것을 말하는 것이요

소견이라고 한 것은 추구하는 것을 말하는 것이요

마음이라고 한 것은 쌓아 모으는 것을 말하는 것이다.

이 가운데 생각 등은 그 자체가 곧 거꾸러진 것이니

다 지업석이다.

혹 말하기를 일시라고 한 것은 곧 법구논사[298]의 말이다.

마음과 생각과 소견의 세 가지는 동시이지만 뜻으로 나누었을 뿐이니

---

297 분별논사分別論師는 비바사바제毘婆闍婆提니 번역하면 분별설부分別說部로 곧 설가부說假部이다.

298 법구논사法救論師는 삼세실유三世實有를 주장한 달마다라 스님이다.(『불교사전』 참고.)

오직 소견만 거꾸러진 것이고 나머지 두 가지는 거꾸러진 것이 아니지만 소견으로 더불어 상응하여 소견에 동란하는 바가 되기에 이름을 거꾸러짐이 된다고 한 것이다.

이런 까닭으로 소견은 오직 지업석이요, 나머지 두 가지는 의주석이다.

구사론주가 바로 이 뜻을 붙들었으니, 그 게송²⁹⁹에 말하기를

네 가지 거꾸러짐의 자체는

말하자면 세 가지 소견³⁰⁰을 좇아 생기하는 것이니

오직 거꾸러지고 추구하고 증장하는 까닭으로

생각과 마음은 소견의 힘을 따를 뿐이다 하였거늘

해석³⁰¹하여 말하기를 처음에 두 구절은 거꾸러짐의 자체를 설출한 것이요

제 세 번째 구절은 거꾸러짐을 폐지하고 세우는 것이요

제 네 번째 구절은 경문을 통석한 것이다.

처음에 거꾸러짐의 자체를 설출한다고 한 것은 말하자면 변견 가운데 오직 상견常見만을 취하여 상도常倒를 삼고, 견취견 가운데 오직 낙樂과 정淨을 계교하는 것만을 취하여 낙도樂倒와 정도淨倒를 삼고, 신견 가운데 오직 아견我見만을 취하여 아도我倒를 삼는 것이다.

---

299 게송이란, 『구사론俱舍論』 三十卷 가운데 第十九卷, 수면품隨眠品이다.

300 원문에 삼견三見은 상常은 변견邊見이고, 정淨은 견취견取見이고, 아我는 신견身見이다.

301 원문에 석왈釋曰은 대운사원휘송소大雲寺圓暉頌疏(『俱舍論頌釋疏』), 二十九卷 가운데 第十九에 설출說出하였다.

오직 거꾸러지고 추구하고 증장하는 까닭이라고 한 것은 거꾸러짐을 폐지하고 세우는[302] 것이다.

이것은 세 가지 원인을 들어서 네 가지 거꾸러짐을 세운 것이니 첫 번째는 한결같이 거꾸러지기에 그런 까닭으로 말하기를 오직 거꾸러진다 한 것이요

두 번째는 자성을 추구하여 헤아리는 까닭이요

세 번째는 허망하게 증익하는 까닭이다.

나머지는 혹 이 세 가지 원인이 없기도 하나니,

말하자면 계금취견은 한결같이 거꾸러진 것이 아니니 유루도에 집착하여 청정한 열반을 얻음에 비록 구경에 번뇌를 끊고 적멸을 증득하는 것은 아니지만 그러나 능히 잠시 한때에 번뇌(染汚)를 여의고 적멸을 증득하여 반연하는 것이 청정함이 되는 까닭이요 단견과 사견은 허망하게 증익하는 것이 아니니 심행이[303] 전전히 증익함이 없는[304] 까닭이요

나머지 탐욕과 성내는 등은 능히 추구하여 헤아릴 것이 아니니 자성을 볼 수 없는 까닭이다.

이런 까닭으로 모든 번뇌는 거꾸러짐의 자체가 아니다.

---

302 원문에 폐립廢立은 사도四倒 자체自體를 폐지廢止하고 사도四倒가 삼인三因, 즉 도도倒와 추구推求와 증익增益을 인因하여 생기生起한다고 성립成立한 것이다.

303 원문에 행전行轉이라 한 行 자는 所 자로 된 곳도 있다.

304 원문에 무행전無行轉이라고 한 것은 다만 그 단견斷見과 사견邪見만 지킬 뿐 심행心行이 전전히 증익함이 없는 것이다. 역시 『잡화기』의 말이다.

생각과 마음은 소견의 힘을 따른다고 말한 것은 경문을 통석한
것이다.

말하자면 어떤 사람이 물어 말하기를 만약 오직 소견만 거꾸러졌다
고 한다면 무슨 까닭으로 경에 말하기를 영원하지 않는 것에 영원하
다고 계교하여 생각과 마음과 소견의 세 가지 거꾸러짐이 있으며,
괴로운 것(苦)과 깨끗하지 못한 것(不淨)과 내가 아닌 것(非我)에
또한 생각과 마음과 소견의 세 가지 거꾸러짐이 있다 하는가.

대답하기를 이치는 실로 오직 소견만이 거꾸러진 것이요, 생각과
마음은 소견을 따라 또한 거꾸러진다는 이름을 세운 것이니 소견으
로 더불어 상응하는 것이다.

그런 까닭으로 행상行相이 상·낙·아·정과 같나니,

삼도三倒에 사도四倒가 열두 가지 거꾸러짐(十二倒)인 까닭이다.

이 열두 가지 거꾸러짐이라고 한 것은 바사사婆沙師를 의지한다면
예류위에서 소견과 그리고 상응相應[305]을 영원히 끊나니, 견도위에서
끊는 바인 까닭이다 하였다.

나머지는 저 『구사론』에서 말한 것과 같다.

이것을 의지하여 이름을 해석한다면 생각이라고 한 것은 경계의
차별을 취하는 것을 말하는 것이요

소견이라고 한 것은 추구하는 것을 말하는 것이요

마음이라고 한 것은 쌓아 모으는 것을 말하는 것이다.

---

305 상응相應이란, 想과 心의 이도二倒이니, 위에 소견으로 더불어 상응相應한다
한 것이다. 영인본 화엄 7책, p.537, 3행이니 두 줄 앞에 있다.

若大乘下는 雖標多說이나 但出其一意니 通性相二宗이라 在文可知
니라 又有釋云호대 若細分別인댄 想心二倒는 可通七識이어니와 見是
執著이니 局於六識者는 卽下三藏意니 七識에 旣有四惑인댄 中有我
見거니 豈無見耶리요 諸宗異說等者는 不欲繁文이나 然上已有三宗
之義하니라 其薩婆多에 更有一釋하니 想謂於無常과 苦不淨中에 妄
想分別이요 見謂卽於彼所分別中에 忍可欲樂하야 建立執著이요 心
謂卽於彼所執著中에 貪等煩惱니 皆卽心所名心이요 非心王也라하
니 旣以王爲所인댄 不順今文일새 故不出之니라 大乘之中에도 復有
三說하니 一은 依起信인댄 三倒之心이 唯一妄念이며 亦名不覺이며
亦名無始無明이라 而此無明이 全依本覺호대 還迷本覺하야 從無始
來로 念念相續하야 未曾離念이 卽是一切心識之相이라 然依不覺하
야 復生三種하니 一은 無明業相等이니 卽以三細인 業轉現三으로 如
次爲心見想之三倒也니라 今菩薩이 雖未究竟覺이나 已離凡夫不覺
과 二乘初心의 相似覺故로 亦名爲離라하니라 釋曰以三細는 諸德正
義가 皆在賴耶니 菩薩地盡하야 始覺同本하야사 方得永離하나니 以
此而爲三倒가 非順今文일새 故疏不出하니라 二는 又依禪宗의 傳於
達磨한 用楞伽意인댄 五識帶想은 總名想倒요 第七染淨은 別名心倒
요 第六意識은 起諸見倒라하니라 釋曰不順法相일새 故不出之니라
三은 云依唐三藏의 傳慈氏論인댄 五識現量은 總無顚倒니 猶如明鏡
이 現衆色相故요 第七染識은 有想心倒요 第六意識은 具有三倒니라
取我法相은 名爲想倒요 於想愛樂은 復名心倒요 於想計著建立은
乃名見倒라하니 此亦分明하니라 上之大小乘이 大同小異할새 故不
委存거니와 恐要委知할새 故復出耳니라 初釋經文은 乃通諸說이나

多同唐三藏意니라

만약 대승 가운데라고 한 아래는 비록 수많은 학설을 표하였지만 다만 그 한 가지 뜻[306]만을 설출한 것이니,
성종과 상종에 통하는 것이다.
소문에 있는 것은 가히 알 수가 있을 것이다.
또 어떤 사람이 해석하여 말하기를 만약 자세히 분별한다면 생각과 마음의 두 가지 거꾸러진 것은 가히 칠식에 통하거니와 소견은 이 집착이니 육식에 국한한다고 한 것은 곧 아래 삼장의 뜻[307]이니, 칠식에 이미 네 가지 번뇌가[308] 있다고 한다면 그 가운데 아견이 있거니 어찌 소견이 없겠는가.

모든 종파의 다른 학설이라고 한 등은 문장을 번잡하게 하고자 하지 않는다는 뜻이지만 그러나 위에 이미 삼종[309]의 뜻이 있었다.
그[310] 살바다부에 다시 한 가지 해석이 있나니,
생각이라고 한 것은 영원하지 않는 것(無常)과 괴로운 것(苦)과

---

306 원문에 기일의其一意란, 제칠식第七識이다. 소승小乘은 제육식第六識을 근간으로 모든 학설學說을 전개하고 있다.

307 원문에 하삼장의下三藏意란, 영인본 화엄 7책, p.539, 5행이다.

308 네 가지 번뇌는 아치我痴, 아견我見, 아만我慢, 아애我愛이다.

309 삼종三宗은 소승小乘에 법구논사法救論師와 분별논사分別論師와 대승大乘이다.

310 원문에 其란, 소승이고, 살바다부는 율종이다.

깨끗하지 못한 것(不淨) 가운데 망상으로 분별하는 것을 말하는 것이요

소견이라고 한 것은 곧 저 분별하는 바 가운데 가히 욕락欲樂할 것을 알아 집착함을 건립하는 것을 말하는 것이요

마음이라고 한 것은 곧 저 집착하는 바 가운데 탐욕 등의 번뇌를 말하는 것이니

모두 곧 심소를 마음이라 이름하는 것이요 심왕이 아니다 하였으니, 이미 심왕으로 심소를 삼았다면 지금의 『화엄경』 문을 따르지 않는 것이기에[311] 그런 까닭으로 소문에 설출하지 아니하였다.

대승 가운데도 다시 세 가지 학설이 있나니

첫 번째는 『기신론』을 의지하건대[312] 세 가지 거꾸러진 마음이 오직 한 망념이며 또한 이름이 불각[313]이며 또한 이름이 시작도 없는

---

311 원문에 이심위소以心爲所인댄 불순금문不順今文이라고 한 것은 今經에 심도心倒를 소문疏文 가운데서 諸事에 起心하여 分別常無常等이 名爲心倒라 하였으니 이것은 심왕心王이요, 이 살바다부薩婆多部는 탐등번뇌貪等煩惱의 심소心所를 심心이라 하고 심心은 심왕心王이 아니라 하니, 이 화엄경문華嚴經文과는 다르다는 것이다. 今經에 心을 疏文에는 諸事起心 운운하였으니, 영인본 화엄 7책, p.531, 1행에 있다.

312 원문에 의기신依起信이라고 한 것은 『기신론』에는 三細를 三倒로 삼은 문장은 따로 없다. 그러나 此鈔家가 뜻으로써 引用하였다. 설사 三細를 三倒로 본다 하여도 이 三細는 八地以上에서 떠나보내는 까닭으로 지금 이 十回向位에는 順應하지 않는다 하겠다. 설사 이전은 『잡화기』의 말이고, 설사 이하는 나의 말이다.

313 불각不覺은 범부凡夫와 십신十信이고, 상사각相似覺은 이승二乘과 초발심보살初發心菩薩이고, 수분각隨分覺은 초지보살初地菩薩이니 진여법신眞如法身을

무명이다.

그러나 이 무명이 온전히 본각을 의지하되 도리어 본각을 미하여 시작도 없이 좇아옴으로 생각생각이 상속하여 일찍이 생각을 떠나지 않는 것이 곧 일체 심식의 모습이다.

그러나 불각을 의지하여 다시 세 가지[314]를 생기하나니

첫 번째는 무명업상 등[315]이니 곧 삼세인 업상과 전상과 현상의 세 가지로 차례와 같이 마음과 소견과 생각의 세 가지 거꾸러짐을 삼는 것이다.

지금에 보살[316]이 비록 구경각은 아니지만 이미 범부의 불각과 이승과 초발심[317]의 상사각을 떠난 까닭으로 또한 이름을 떠난다고 한다 하였다.

해석하여 말하면 삼세三細[318]는 모든 스님들(諸德)의 정의正義가 다 아뢰야식에 있나니

보살의 지위가 다하여 시각이 본각과 같아야 바야흐로 영원히 떠남을 얻나니, 이것으로써 세 가지 거꾸러짐을 삼는 것이 지금의 『화엄경』문을 따르지 않는 것이기에 그런 까닭으로 소문에 설출하지

일분일분一分一分 깨달아 가는 지위이다. 구경각究竟覺은 보살지진菩薩地盡한 여래如來이다.

314 세 가지는 업상, 전상, 현상이다.

315 등이란, 전상, 현상이니 여기서는 업상만 말하고 있다.

316 지금에 보살菩薩이란, 십회향보살十回向菩薩 가운데 第五에 구호중생이중생상회향보살救護衆生離衆生相回向菩薩이다.

317 원문에 초심初心은 십주十住, 십행十行의 보살菩薩이다.

318 삼세三細는 업상, 전상, 현상이다.

아니하였다.

두 번째는 또 선종에서 달마에게 전하여 받은『능가경』의 뜻을 인용한 것을 의지한다면 오식이 생각을 대동한 것은 다 이름이 생각의 거꾸러짐이요

제칠식의 염정染淨은 따로 이름이 마음의 거꾸러짐이요

제육의식은 모든 소견의 거꾸러짐을 일으킨다 하였다.

해석하여 말하면 법상종을 따르지 않기에[319] 그런 까닭으로 소문에 설출하지 아니하였다.

세 번째는 말하기를 당나라 삼장이 자씨론에 전하여 받은 것을 의지한다면 오식의 현량은 모두 거꾸러짐이 없는 것이니, 비유하자 면 밝은 거울이 수많은 색상을 나타내는 것과 같은 까닭이요

제칠염식은 생각의 거꾸러짐과 마음의 거꾸러짐이 있는 것이요

제육의식은 세 가지 거꾸러짐을 다 갖추고 있는 것이다.

아我의 모습과 법法의 모습을 취하는 것은 이름이 생각의 거꾸러짐이 되는 것이요

생각에 사랑하고 좋아함을 내는 것은 다시 이름이 마음[320]의 거꾸러짐이 되는 것이요

---

319 원문에 불순법상不順法相이라고 한 것은 법상종法相宗은 다만 칠식七識의 분상에서만 삼도三倒를 건립建立하는 까닭으로 법상종法相宗을 따르지 않는 다는 것이다. 즉 법상종法相宗을 의지하여 삼도三倒를 말하지 않고 법성종法 性宗을 의지하여 삼도三倒를 말한다는 것이다. 一에 기신起信과 二에 선종禪宗 과 下에 三에 당삼장唐三藏은 다 법성종法性宗에 속한다 하겠다.

320 心 자를 見 자라 한 것은 잘못이다.

생각에 계교하고 집착하여 건립하는 것은 이에 이름이 소견의 거꾸
러짐이 되는 것이다 하였으니

이것도 또한 분명한 것이다.

위에서 말한 대승과 소승의 학설이 대동소이하기에 그런 까닭으로
소문에 자세히 설하여 두지 않았거니와 자세히 알기를 요망할까
염려하기에 그런 까닭으로 초문에 다시 설출하였다.

처음에 경문을 해석한 것[321]은 이에 모든 학설에 통하지만 다분히
당나라 삼장의 뜻과 같다.

---

321 원문에 초석경문初釋經文이라 한 것은 영인본 화엄 7책, p.531, 4행에 『대품경
大品經』十七卷을 말한다.

經

不著語言道迴向과

언어의 길에 집착하지 않는 회향과

疏

三에 一句는 離能詮名이라

세 번째 한 구절은 능히 설명하는 명언을 떠난 것이다.

經

**觀一切法眞實性迴向과 觀一切衆生平等相迴向과 以法界印
印諸善根迴向과 觀諸法離貪欲迴向이니**

일체법의 진실한 자성을 관찰하는 회향과
일체중생의 평등한 모습을 관찰하는 회향과
법계의 도장으로 모든 선근을 찍는 회향과
모든 법이 탐욕을 떠난 것을 관찰하는 회향이니

疏

四에 有四句는 顯如如者는 前明妄空이니 一切皆空이요 此彰實有
니 一切妙有라 又卽前之空이 是此之實이니 二義不二가 爲眞法
印이라 是卽妄取迴向은 菩薩不有요 眞實迴向은 菩薩不無니라
文有四句하니 初는 總顯實性이요 次는 別約衆生이요 三은 印諸事
善이요 四는 心絶貪求라

네 번째 네 구절이 있는 것은 여여의 이치를 나타낸다고 한 것은
앞에는 망상이 공함을 밝힌 것이니 일체가 다 진공이요
여기는 진실이 있음을 밝힌 것이니 일체가 묘유이다.
또한 곧 앞의 진공이[322] 여기에 진실로 있다는 것이니,

---

322 또한 곧 앞의 진공이 운운한 것은 이미 앞에 망상이 공했다 한 것이 곧

두 가지 뜻이 두 가지가 아닌 것이 진실한 법계의 도장(印)이다.
이에 곧 허망하게 취하는 회향은 보살이 있지 않아야 할 것이요
진실한 회향은 보살이 없지 않아야 할 것이다.

경문에 네 구절이 있나니
처음 구절은 진실한 자성을 한꺼번에 나타낸 것이요
다음 구절은 중생을 따로 잡은 것이요
세 번째 구절은 모든 일의 선근을 찍는 것이요
네 번째 구절은 마음에 탐내어 구하는 것을 끊는 것이다.

여기에 진실로 있는 것이라고 한다면 곧 문장이 비록 다만 진공을 나타낸 것이지만, 그러나 그 뜻은 또한 허망한 것은 있다는 것을 합유合有한 까닭으로 초문(네 줄 뒤에 있다)에 허망한 것은 있고 진실한 것은 공하다는 것으로써 해석한 것이다. 그러한즉 이 위에는 앞으로써 허망한 것이 공함을 삼지만 그러나 지금에는 앞이 허망한 것이 있음을 밝히고, 또 이 위에는 지금으로써 진실로 있는 것을 삼지만 그러나 여기는 지금 이 진실한 것은 공하다는 것을 밝히는 것이니 다만 이구二句만 이루는 것이다. 만약 위에 진실한 것은 있고 여기에 허망한 것은 있다는 것을 취한다면 곧 제삼구三句가 되고, 위에 허망한 것은 공하고 여기에 진실한 것은 공하다고 한 것을 취한다면 곧 제사구四句가 되는 것이다. 그러나 허망한 것은 공한 것이 허망한 것은 있는 것을 이루는 것은 다만 이 위에는 자성이 없음을 잡았고 여기는 인연으로 생기는 것을 잡은 것이 다를 뿐이니, 반드시 진실로 있는 것으로 융합함을 상대한 연후에 바야흐로 허망한 것은 있다는 것을 이루는 것은 아니지만, 진실로 공한 것으로 더불어 상대를 지은 까닭으로 여기에 진실로 있다는 것을 설하기를 요망할 뿐이다. 역시 『잡화기』의 말이다.

鈔

四에 有四句下는 先彰大意라 以諸宗或說호대 一은 妄空眞有요 二는
眞空妄有요 三은 眞妄俱有요 四는 眞妄俱空이라하니라 此具四意하
니 前에 明名相妄想皆空은 卽妄空也요 此에 顯如如理有는 卽眞有
也라 而疏云호대 一切皆空者는 則涅槃菩提도 亦空이니 計有가 爲妄
情故요 又言호대 一切妙有者는 卽衆生善根도 亦皆妙有니 萬法卽眞
故니라 次云호대 又卽前之空이 是此之實者는 上엔 明前空此有어니
와 今엔 卽前之空이 是此之實이니 前空卽有일새 則空非空이요 此有
卽空일새 則有非有矣니라 由此則妄空眞有가 卽是妄有眞空이니 何
者고 謂虛妄之法이 緣生無性일새 名爲妄空이요 眞性湛然일새 名爲
眞有어니와 今엔 卽上妄法緣生일새 故名妄有요 卽無性性은 名爲眞
諦일새 故說眞空이요 此無性空은 體卽是實일새 故名眞有니 是故로
言語則別이나 理無二致니라 是卽妄取迴向下는 結成本義니 此卽妄
空眞有意니라 然이나 但除其病하고 而不除法일새 故前相歷然이나
而無取著耳니라

네 번째 네 구절이 있는 것이라고 한 아래는 먼저 큰 뜻을 밝힌
것이다.
모든 종파가 혹 말하기를 첫 번째는 허망한 것은 공하고 진실한
것은 있는 것이요
두 번째는 진실한 것은 공하고 허망한 것은 있는 것이요
세 번째는 진실한 것과 허망한 것이 함께 있는 것이요

네 번째는 진실한 것과 허망한 것이 함께 공한 것이다 하였다.
여기에 네 가지 뜻을 갖추었나니

앞에 명상名相과 망상이 다 공함을 밝힌 것은 곧 허망한 것이 공하다는
것이요

여기에 여여의 이치가 있음을 나타낸 것은 곧 진실이 있다는 것이다.

그러나 소문에 말하기를 일체가 다 진공이라고 한 것은 곧 열반과
보리도 또한 공하다는 것이니 있다고 계교하는 것이 망정이 되는
까닭이요

또 말하기를 일체가 묘유라고 한 것은 곧 중생의 선근도 또한 다
묘유라는 것이니 만법이 곧 진실한 까닭이다.

다음에 말하기를 또한 곧 앞의 진공이 여기에 진실이 있다는 것이라
고 한 것은 위에서는 앞의 진공과 여기에 묘유를 밝혔거니와 지금에
는 곧 앞의 진공이 여기에 진실이 있는 것이니,

앞323의 진공이 곧 여기에 묘유이기에 곧 공이 공이 아니요
여기에 묘유가 곧 앞의 진공이기에 곧 유가 유가 아니다.

이것을 인유한다면 곧 허망한 것은 공하고 진실한 것은 있는 것이
곧 허망한 것은 있고 진실한 것은 공한 것이니 무엇 때문인가.

말하자면 허망한 법이 인연으로 생기하여 자성이 없기에 이름을
허망한 것은 공하다 한 것이요

진실한 자성은 담연하기에 이름을 진실은 있다 한 것이어니와,

지금에는 곧 위에 허망한 법은 인연으로 생기하기에 그런 까닭으로

---

323 원문에 則 자는 前 자의 잘못이다.

이름을 허망한 것은 있다 한 것이요

곧 자성이 없는 자성은 이름을 진제라 하기에 그런 까닭으로 진공이라 말하는 것이요

이 자성이 없는 진공은 자체가 곧 진실이기에 그런 까닭으로 이름을 진실은 있다 한 것이니,

이런 까닭으로 언어는 곧 다르지만 이치는 두 가지 이치가 없는 것이다.

이에 곧 허망하게 취하는 회향이라고 한 아래는 본래의 뜻을 맺어 성립한 것이니,

이것은 곧 허망한 것은 공하고 진실한 것은 있다는 뜻이다.

그러나 다만 그 병만 제멸하고 법은 제멸하지 아니하였기에 그런 까닭으로 앞의 모습이 역연하지만 취착하는 바가 없는 것이다.

解一切法無하야 種植善根도 亦如是하고 觀諸法無二하야 無生
無滅하야 迴向도 亦如是하니라

일체법이 없는 줄 알아 선근을 심는 것도 또한 이와 같이 하고
모든 법이 둘이 없어서 생겨난 적도 없고 사라진 적도 없는 줄
관찰하여 회향하는 것도 또한 이와 같이 합니다.

疏

第二에 雙結者는 一句는 結所迴善根이니 善根은 可以獨修일새
但云種植이라하니라 一句는 結迴向行이니 迴向은 必有能所일새
故觀無二라하니라 如此則德本不生하고 惑本不滅이라 又惑累는
寂然不生이요 眞德은 湛然不滅이라

제 두 번째 함께 맺는 것은 첫 번째 한 구절은[324] 회향할 바 선근을
맺는 것이니,
선근은 가히 홀로 닦기에 다만 심는다고만 말하였을 뿐이다.
두 번째 한 구절은 회향하는 행을 맺는 것이니,
회향은 반드시 능·소가 있기에 그런 까닭으로 둘이 없음을 관찰한다

---

324 첫 번째 한 구절이란, 여기 경문이 두 구절이 있다. 첫 구절은 선근을 심는
것도 또한 이와 같이 한다고 한 것까지이고 그 아래는 제 두 번째 구절이다.

하였다.

이와 같다면 곧 진실한 공덕이 본래 생겨난 적도 없고 번뇌가 본래
사라진 적도 없는 것이다.

또 번뇌의 얽힘은 고요하여 생겨난 적이 없는 것이요

진실한 공덕은 담연하여 사라진 적이 없는 것이다.

鈔

如此則德本不生者는 此是眞有는 本有니 湛然不生이요 妄惑本空이
니 空無可滅이라 又惑累寂然不生은 翻上惑不滅하야 爲不生이요 眞
德湛然不滅은 翻上眞不生하야 爲不滅이라 前엔 惑空無可滅이라하
얏거니와 今엔 空則寂然故로 不生이라하며 前엔 以眞無初故로 不生이
라하얏거니와 今엔 以眞無後故로 不滅이라하니라

이와 같다면 곧 진실한 공덕이 본래 생겨난 적도 없다고 한 것은
이것은 진실한 공덕이 있는 것은 본래 있는 것이니

담연하여 생겨난 적이 없는 것이요

허망한 번뇌는 본래 공한 것이니

공적하여 가히 사라진 적이 없는 것이다.

또 번뇌의 얽힘은 고요하여 생겨난 적이 없다고 한 것은 위에 번뇌는
사라진 적이 없다고 한 것을 번복하여 생겨난 적이 없다고 한 것이요
진실한 공덕은 담연하여 사라진 적이 없다고 한 것은 위에 진실한

공덕이 생겨난 적이 없다고 한 것을 번복하여 사라진 적이 없다고
한 것이다.

앞에서는 번뇌가 공하여 가히 사라진 적이 없다 하였거니와 지금에
는 공하여 곧 고요한 까닭으로 생겨난 적이 없다 하였으며

앞에서는 진실한 공덕이 처음이 없는 까닭으로 생겨난 적이 없다
하였거니와 지금에는 진실한 공덕이 뒤가 없는 까닭으로 사라진
적이 없다고 하였다.

以如是等善根으로 迴向하야 修行淸淨對治之法하며 所有善根
으로 皆悉隨順出世間法하야 不作二相하나니

이와 같은 등의 선근으로써 회향하여 청정하게 대치하는 법을
수행하며
소유한 선근으로써 다 출세간의 법을 수순하여 두 가지 모습을
짓지 않나니

第二에 會前迴向菩提하야 入實際者는 又前明隨相이요 次辨離
相이니 欲顯此二同時일새 故雙非卽離니라 文中三이니 初는 結前
生後요 二에 非卽下는 法喩釋成이요 三에 離我下는 結成迴向이라

제 두 번째 앞에 보리에[325] 회향한 것을 회통하여 실제에 들어가는
것을 밝힌 것은 또한 앞에서는[326] 모습을 따르는 회향을 밝힌 것이요
다음에는 모습을 떠난[327] 회향을 분별한 것이니,
이 두 가지가 동시임을 나타내고자 하기에 그런 까닭으로 즉하고
떠남을 함께 아니라고 한 것이다.

---

325 보리菩提下에 영인본 화엄 7책, p.528, 1행에는 明 자가 있다.
326 원문 우전又前下는 따로 과목科目을 짓는 것이다.
327 원문 이상離相下에 수 자가 있는 곳도 있다.

경문 가운데 세 가지가 있나니
처음에는 앞의 말을 맺고 뒤의 말을 생기하는 것이요
두 번째 업에 즉하여 일체 지혜를 닦아 익히는 것도 아니라고 한
아래는 법과 비유로 해석하여 성립한 것이요
세 번째 아我와 아소我所 등을 떠났다고 한 아래는 회향을 맺어
성립한 것이다.

鈔

又前明隨相者는 上엔 判會菩提入實이 卽是離相中義어니와 今엔 以
小異分之인댄 則可爲三이니 第一은 隨相迴向이요 第二는 以前會衆
生入實로 爲離相이요 第三은 以今文으로 爲隨離同時니라

또한 앞에서는 모습을 따르는 회향을 밝힌다고 한 것은 위에서는
보리를 회통하여 실제에 들어가는 것이 곧 모습을 떠난 회향 가운데
뜻이라고 판석하였거니와 지금에는 조금 다른 뜻으로 나누어 본다면
곧 가히 세 가지로 할 수 있나니
첫 번째는 모습을 따르는 회향이요
두 번째는 앞에 중생을 회통하여 실제에 들어가는 것으로써 모습을
떠나는 회향을 삼는 것이요
세 번째는 지금의 경문으로써 따르고 떠나는 회향이 동시임을 삼는
것이다.

疏

今初니 由前離相하야 所行淸淨일새 故順出世의 無上菩提니라 而
言二者는 善根廻向과 世與出世와 若有若無와 若卽若離가 皆名
爲二니 今並無之니라

지금은 처음으로 앞에 모습을 떠난 것을 인유하여 행하는 바가
청정하기에 그런 까닭으로 출세간의 더 이상 없는 보리를 따르는
것이다.
두 가지 모습이라고 말한 것은 선근과 회향과 세간과 더불어 출세간
과 혹 있는 것과 혹 없는 것과 혹 즉하는 것과 혹 떠나는 것이
다 이름이 두 가지 모습이 되는 것이니,
지금에는 모두 그 두 가지 모습이 없다.

鈔

而言二者는 善根廻向等者는 此有四二하니 皆躡前文이라 一은 善根
廻向이 爲一二니 卽向言善根亦如是하고 廻向亦如是니 以總收前
二故니라 二者는 世與出世가 爲一二니 卽今經에 以善根으로 隨順出
世라하면 則能隨順이 是世故니라 三은 若有若無가 爲一二니 卽前妄
空眞有라호미 是니라 四는 若卽若離가 爲一二니 此曲有二하니 一은
卽隨相爲卽이요 離相爲離며 二는 隨離不同爲離요 此二不二爲卽이
라 此四種二가 今並無之니 無之所以는 卽下釋成하리라

두 가지 모습이라고 말한 것은 선근과 회향이라고 한 등은 여기에
네 가지에 각각 둘이 있나니
다 앞에 경문을 밟아 말한 것이다.
첫 번째는 선근과 회향이 한 가지에 둘이 되는 것이니,
곧 앞의 경문에 선근도 또한 이와 같고 회향도 또한 이와 같다고
말한 것이니 앞에 두 가지를 모두 거둔 까닭이다.
두 번째는 세간과 더불어 출세간이 한 가지에 둘이 되는 것이니,
곧 지금 경문에 선근으로써 출세간의 법을 수순한다 하였다면 곧
능히 수순하는 것이 이 세간인 까닭이다.
세 번째는 혹 있는 것과 혹 없는 것이 한 가지에 둘이 되는 것이니,
곧 앞에 허망한 것은 공하고 진실한 것은 있다고 한 것이 이것이다.
네 번째는 혹 즉하는 것과 혹 떠나는 것이 한 가지에 둘이 되는
것이니,
여기에 자세하게 두 가지가 있나니
첫 번째는 곧 모습을 따르는 것이 즉하는 것이 되는 것이요,
모습을 떠나는 것이 떠나는 것이 되는 것이며
두 번째는 따르고 떠나는 것이 같지 않는 것이 떠나는 것이 되는
것이요
이 두 가지가 둘이 아닌 것이 즉하는 것이 되는 것이다.
이 네 가지에 각각 둘이 지금에는 모두 없나니
없는 까닭은 곧 아래[328]에 해석하여 성립하겠다.

---

[328] 아래란, 바로 아래 경문의 소초이다.

經

非卽業修習一切智며 非離業迴向一切智며 一切智非卽是業이
나 然不離業得一切智니라 以業如光影清淨故로 報亦如光影清
淨하며 報如光影清淨故로 一切智智亦如光影清淨하니라

업에 즉하여³²⁹ 일체 지혜를 닦아 익히는 것도 아니며
업을 떠나서 일체 지혜에 회향하는 것도 아니며
일체 지혜가 이 업에 즉하지 않지만 그러나 업을 떠나서 일체
지혜를 얻는 것도 아닙니다.
업이 광명의 그림자와 같이 청정한 까닭으로 과보도 또한 광명의
그림자와 같이 청정하며
과보가 광명의 그림자와 같이 청정한 까닭으로 일체 지혜와 지혜도
또한 광명의 그림자와 같이 청정합니다.

---

329 업에 즉하여 운운은 업을 닦아 익히는(修習) 등에 상대한다면 이것은 위에
초일初一이요, 업을 과보 등에 상대한다면 이것은 위에 제이第二요, 둘이
각각 떠나 능소가 있는 것은 이것은 허망한 것은 있는 것이요, 둘이 각각
즉하여 능소를 끊은 것은 이것은 진실로 공한 것이니 곧 이것은 위에 제삼第三
과 제사第四이니, 지금에는 다 아닌 까닭으로 두 가지 모습을 짓지 않는다(영
인본 화엄 7책, p.543, 6행 경문)는 것을 성립하는 것이다. 역시 『잡화기』의
말이다.

疏

二에 釋成中에 先法後喩라 法中二對니 初는 以所迴善根으로 對
能迴行願하야 辨非卽離하야 明因中無二라 初句는 業非迴向이니
能所別故요 次句는 不離니 離業無可迴故니라 亦同淨名에 布施와
迴向一切智가 爲二어니와 布施性이 卽是迴向一切智性이라하니
故不離가 斯爲不二요 非卽故로 無不二也니라 後對는 因果相望이
니 初句는 果不卽因이요 後句는 離因無果라 文影略耳언정 理應因
果가 各有非卽離義리라

두 번째 해석하여 성립하는 가운데 먼저는 법이요
뒤에는 비유이다.
법 가운데 두 가지 상대가 있나니
처음 상대는 회향할 바 선근으로써 능히 회향하는 행원을 상대하여
즉하지도 않고 떠나지도 아니함을 분별하여 원인 가운데 둘이 없는
것을 밝힌 것이다.
처음 구절은 업이 회향이 아니니 능·소가 다른 까닭이요
다음 구절은 떠나는 것이 아니니 업을 떠나 가히 회향할 수 없는
까닭이다.
또한 『정명경』[330]에 보시와 일체 지혜에 회향하는 것이 둘이 되거니와
보시의 자성이 곧 일체 지혜에 회향하는 자성이라 한 것과 같나니,

---

[330] 『정명경』은 『정명경淨名經』 第九 입불이법문품入不二法門品, 제20번째 무진
의보살장無盡意菩薩章이다.

그런 까닭으로 떠나지 않는 것이 이것이 둘이 아닌 것이 되는 것이요
즉하지 않는 까닭으로 둘이 아니라고 하는 것도 없는 것이다.

뒤에 상대는 인과가 서로 바라보는 것이니
처음 구절은 결과가 원인에 즉하지 않는 것이요
뒤에 구절은 원인을 떠나 결과가 없는 것이다.
경문이 그윽이 생략되었을지언정 이치는 응당 인과가 각각 즉하지도
않고 떠나지도 않는다는 뜻이 있어야 할 것이다.

鈔

亦同淨名等者는 卽無盡意菩薩이 其라 卽是迴向一切智性은 下經
云호대 如是持戒忍辱精進禪定智慧와 迴向一切智가 爲二어니와 智
慧性이 卽是迴向一切智性이니 於其中에 入一相者가 是爲入不二
法門이라하니라 釋曰但知初度인댄 餘例可知일새 故不廣引하니라 斯
爲不二者는 結彼經文하야 以釋今經이니 謂以今經不離가 是彼一性
이니 故不二요 以今經非卽으로 重遣不二니 則如文殊의 離諸問答이
乃至爲眞不二라하니라 文影略者는 亦合云호대 業非一切智나 然不
離一切智하야 而別有業이라하리니 故云호대 理應因果가 各有非卽
非離之義라하니라

또한 『정명경』에 말한 등과 같다고 한 것은 곧 무진의보살[331]이

<hr/>

[331] 무진의보살無盡意菩薩은 第九 입불이법문품入不二法門品, 제20번째 보살이다.

말한 것이 그것이다.

곧 일체 지혜에 회향하는 자성이라 한 것은 『정명경』이 아래 경[332]에 말하기를 이와 같이 지계와 인욕과 정진과 선정과 지혜와 일체 지혜에 회향하는 것이 둘이 되거니와, 지혜의 자성이 곧 일체 지혜에 회향하는 자성이니 그 가운데 한 모습에 들어가는 것이 이것이 불이법문에 들어가는 것이 된다 하였다.

해석하여 말하면 다만 처음 보시바라밀만 안다면 나머지는 비례하여 가히 알 수가 있기에[333] 그런 까닭으로 폭넓게 인용하지 아니하였다.

이것이 둘이 아닌 것이 되는 것이라고 한 것은 저 『정명경』문을 맺어 지금 경문을 해석한 것이니,

말하자면 지금 경문에 떠나지 않는다고 한 것이 저 『정명경』에 한 자성[334]이라 한 것이니 그런 까닭으로 둘이 아니요,

지금 경문에 즉하지 않는다고 한 것으로써 거듭 둘이 아니라고 한 것도 보내는 것이니,

---

332 원문에 下經이란, 곧 『정명경』 즉시회향일체지성卽是回向一切智性이라 한 바로 아래 문장에 여시지계如是持戒 운운하였기에 此文章下의 經이라는 뜻이다.

333 원문에 여례가지餘例可知라고 한 것은 보시布施와 같이 지계持戒와 회향일체지回向一切智가 爲二어니와 지계성持戒性이 즉시회향일체지성卽是回向一切智性이요 인욕정진등忍辱精進等도 또한 이와 같다는 것을 가히 알 수가 있다는 것이다.

334 원문에 一性이란, 보시성布施性과 회향일체지성回向一切智性이 곧 일성一性이라는 것이다.

곧 문수보살이 모든 문답을 떠나는 것이[335] 내지 진실로 둘이 없는 법문이 된다고 한 것과 같다.

경문이 그윽이 생략되었다고 한 것은 또한 합당히 말하기를 업이 일체 지혜가 아니지만 그러나 일체 지혜를 떠나서 따로 업이 되는 것이 아니라고 해야 할 것이니,
그런 까닭으로 말하기를 이치는 응당 인과가 각각 즉하지도 않고 떠나지도 않는다는 뜻이 있어야 할 것이다 하였다.

疏

後喩中에 乘光發影과 及水月之影가 皆緣生無性하야 非卽非離일새 故云淸淨이라하니라 初二句는 以因對報니 報通十地故요 後

---

335 원문에 여문수이제문답如文殊離諸問答이라고 한 것은 不二法門品末 즈음에 於一切法에 無言無說하며 無示無識하야 離諸問答이 是爲菩薩入不二法門이라 하며, 그 다음에 또 文殊師利가 問維摩호대 何等이 是菩薩入不二法門고 時維摩詰이 默然無言거늘 文殊師利歎曰호대 善哉善哉라 乃至無有文字語言로 是眞入不二法門이라하니라. 즉 불이법문품 말末 즈음에 일체법에 말할 것도 없고 설할 것도 없으며 보일 것도 없고 알 것도 없어서 모든 문답을 떠난 것이 이것이 보살이 불이법문에 들어간 것이 된다 하였으며 그 다음에 또 문수사리가 유마힐에게 묻기를 어떤 등이 이 보살이 불이법문에 들어가는 것이 되는가. 그때에 유마힐이 묵연히 말이 없거늘 문수사리가 찬탄하여 말하기를 선재 선재라 내지 문자언어로는 이 참다운 불이법문에 들어갈 수 없다 하였다.

二句는 以報對果라

뒤에 비유 가운데 광명을 타고 나온 그림자와 그리고 물 가운데
달의 그림자가 다 인연으로 생기하여 자성이 없어서 즉하지도 않고
떠나지도 않기에 그런 까닭으로 말하기를 청정하다 하였다.
처음에 두 구절은 원인으로써 과보를 상대한 것이니
과보가 십지에 통하는 까닭이요
뒤에 두 구절은 과보로써 과보를 상대한 것이다.

經

離我我所와 一切動亂과 思惟分別하야 如是了知하고 以諸善根
方便으로 迴向하니라

아와 아소와 일체 동란과 사유와 분별을 떠나 이와 같이 요달하여
알고 모든 선근방편으로써 회향합니다.

疏

三에 結成迴向者는 能迴之我와 所迴我所와 若隨若離를 並稱動
亂이어니와 今照而常寂일새 故離斯分別이라하고 而不壞相일새 故
名方便이라하니라

세 번째 회향을 맺어서 성립한 것은 능히 회향하는 아我와 회향할
바 아소我所와 혹 따르는 것과 혹 떠나는 것을 모두 동란動亂이라
이름하거니와 지금에는 비추지만 항상 고요하기에 그런 까닭으로
이 분별을 떠났다 하고, 모습을 무너뜨리지 않기에 그런 까닭으로
방편이라 이름하는 것이다.

經

菩薩이 如是迴向之時에 度脫衆生을 常無休息이나 不住法相하
며 雖知諸法이 無業無報나 善能出生一切業報하야 而無違諍하
야 如是方便으로 善修迴向하니라 菩薩摩訶薩이 如是迴向時에
離一切過일새 諸佛所讚이니라
佛子야 是爲菩薩摩訶薩의 第一救護一切衆生離衆生相迴向이
니라

보살이 이와 같이 회향할 때에 중생을 제도하여 해탈케 하기를
항상 쉼 없이 하지만 법상에 머물지 아니하며
비록 모든 법이 업도 없고 과보도 없는 줄 알지만 잘 능히 일체
업보를 출생하여 어김도 다툼도 없이 이와 같은 방편으로 회향을
잘 닦습니다.
보살마하살이 이와 같이 회향할 때에 일체 허물을 떠나기에 모든
부처님이 찬탄하는 바입니다.
불자여, 이것이 보살마하살이 첫 번째 일체중생을 구호하지만
중생의 모습을 떠난 회향이 되는 것입니다.

疏

第二에 總結成益者는 由隨離不二故로 成無礙離過之益이라 及
第三結名은 文並可知라

제 두 번째 모두 맺어 이익을 이루는 것은 따르고 떠나는 것이
둘이 아님을 인유한 까닭으로 걸림 없이 허물을 떠난 이익을 이루는
것이다.

그리고 제 세 번째 이름을 맺는 것은 경문을 아울러 가히 알 수가
있을 것이다.[336]

---

336 원문에 문병가지文並可知라고 한 것은 경문에 佛子야 是爲菩薩摩訶薩 이하는
결명結名임을 가히 알 수가 있을 것이라는 것이다.

經

爾時에 金剛幢菩薩이 觀察十方一切衆會와 曁于法界하고 入深句義하야 以無量心으로 修習勝行하며 大悲로 普覆一切衆生하야 不斷三世의 諸如來種하며 入一切佛의 功德法藏하야 出生一切諸佛法身하며 善能分別諸衆生心하야 知其所種善根成熟하며 住於法身하야 而爲示現淸淨色身하야 承佛神力하야 卽說頌言호대

그때에 금강당보살이 시방의 일체 모인 대중과 그리고 법계를 관찰하고 깊은 글귀 깊은 뜻에 들어가 한량없는 마음으로써 수승한 행을 닦아 익히며

큰 자비로 일체중생을 널리 덮어 삼세에 모든 여래의 종성이 끊어지지 않게 하며

일체 부처님의 공덕 진리의 창고에 들어가 일체 모든 부처님의 법신을 출생하며

잘 능히 모든 중생의 마음을 분별하여 그들이 심은 바 선근이 성숙한 줄 알며

법신에 머물러 그들을 위하여 청정한 색신을 시현하여 부처님의 위신력을 받아 곧 게송을 설하여 말하기를

疏

第二에 爾時下는 重頌分에 二니 先敍儀意라 於中初와 後二句는
說儀요 入深句義者는 說依요 以無量下도 亦是說依니 依此說故
요 亦說所爲니 爲此說故니라

제 두 번째 그때에라고 한 아래는 중송분에 두 가지가 있나니
먼저는 위의를 펴는 뜻이다.
그 가운데 처음과 뒤의 두 구절은 위의를 설한 것이요
깊은 글귀 깊은 뜻에 들어간다고 한 것은 의지함을 설한 것이요
한량없는 마음이라고 한 아래도 역시 의지함을 설한 것이니
이 마음을 의지하여 설한 까닭이요
또한 하는 바를 설한 것이니
이 중생을 위하여 설한 까닭이다.

經

不思議劫修行道나　　精進堅固心無礙하야
爲欲饒益群生類하야　　常求諸佛功德法하니다

調御世間無等人이　　修治其意甚明潔하야
發心普救諸含識하나니 彼能善入迴向藏하니다

勇猛精進力具足하고　　智慧聰達意淸淨하야
普救一切諸群生호대　　其心堪忍不傾動하니다

心善安住無與等하고　　意常淸淨大歡悅하나니
如是爲物勤修行이　　譬如大地普容受하니다

不爲自身求快樂하고　　但欲救護諸衆生코자하야
如是發起大悲心일새　　疾得入於無礙地하니다

十方一切諸世界에　　所有衆生皆攝受하야
爲救彼故善住心하야　　如是修學諸迴向하니다

사의할 수 없는 세월에 도를 수행하지만
정진이 견고하여 마음이 걸림이 없어서
중생의 무리를 요익케 하고자 하기 위하여
항상 모든 부처님의 공덕법을 구합니다.

세간을 고루 제어하는 비등할 데 없는 사람이
그 뜻을 닦아 다스리는 것이 깊고도 밝고 맑아
마음을 일으켜 모든 중생을 널리 구제하나니
저분이 능히 회향의 창고에 잘 들어갑니다.

용맹스레 정진의 힘을 구족하고
지혜도 총명영달하고 뜻도 청정하여
일체 모든 중생을 널리 구호하지만
그 마음이 견디고 참아 기울거나 움직이지 않습니다.

마음이 잘도 안주하여 더불어 같을 이 없고
뜻이 항상 청정하여 크게 기쁘게 하나니
이와 같이 중생을 위하여 부지런히 수행하는 것이
비유하자면 대지가 널리 수용하는 것과 같습니다.

자신을 위하여 쾌락을 구하지 않고
다만 모든 중생을 구호하고자 하여
이와 같이 큰 자비심을 일으켰기에
빨리 걸림이 없는 지위에 들어감을 얻었습니다.

시방의 일체 모든 세계에
있는 바 중생을 다 섭수하여
저 중생을 구호하기 위한 까닭으로 마음을 잘 머물러

이와 같이 모든 회향을 닦아 배웁니다.

疏

後는 正陳偈詞라 二十八偈를 分二리니 前八偈半은 頌所迴善根이
니 前六은 四等이니 一慈요 二悲요 一偈半은 喜요 一偈半은 捨니
如地無心故라 一偈는 結其普遍이라

뒤에는 바로 게송의 말을 진술한 것이다.
스물여덟 게송을 두 가지로 나누리니
앞에 여덟 게송 반은 회향할 바 선근을 읊은 것이니,
앞에 여섯 게송은 네 가지가 평등한 것이니
첫 번째는 대자大慈요,
두 번째는 대비大悲요,
세 번째 한 게송337 반은 대희大喜요,
네 번째 한 게송338 반은 대사大捨이니
땅이 무심한 것과 같은 까닭이다.
뒤에 한 게송은 널리 두루함을 맺는 것이다.

337 원문에 一偈는 第三頌이요 半은 第四頌 가운데 上半頌이다.
338 원문에 一偈는 第五頌이요 半은 第四頌 가운데 下半頌이다.

修行布施大欣悅하며 護持淨戒無所犯하며
勇猛精進心不動하야 迴向如來一切智하니다

其心廣大無邊際나　忍力安住不傾動하며
禪定甚深恒照了하며 智慧微妙難思議하니다

十方一切世界中에　具足修治淸淨行하야

보시를 수행하여 크게 기뻐하며
청정한 계율을 호지하여 범하는 바가 없으며
용맹스레 정진하여 마음이 움직이지 않아서
여래의 일체 지혜에 회향합니다.

그 마음이 광대하여 끝이 없지만
인욕의 힘으로 안주하여 기울거나 움직이지 아니하며
선정이 깊고도 깊어 항상 비추어 알며
지혜가 미묘하여 사의하기 어렵습니다.

시방의 일체 세계 가운데
청정한 행을 갖추어 닦아 다스려

疏

後에 二偈半은 明六度라

뒤에 두 게송 반은 육바라밀을 밝힌 것이다.

經

如是功德皆迴向은　爲欲安樂諸含識이니다

大士勤修諸善業이　無量無邊不可數니
如是悉以益衆生하야 令住難思無上智케하니다

이와 같은 공덕을 다 회향하는 것은
모든 중생을 안락케 하고자 하기 위한 것입니다.

대사가 모든 선업을 부지런히 닦은 것이
한량도 없고 끝도 없고 가히 헤아릴 수도 없나니
이와 같이 하신 것은 다 중생을 이익케 하여 하여금 사의하기
어렵고 더 이상 없는 지혜에 머물게 하기 위한 것입니다.

疏

後에 如是下에 十九偈半은 頌迴向行이라 分二리니 前七偈半은
頌隨相이니 初一偈半은 頌利樂迴向이라

뒤에 이와 같이라고 한 아래에 열아홉 게송 반은 회향의 행을 읊은
것이다.

두 가지로 나누리니

앞에 일곱 게송 받은 모습을 따르는 회향³³⁹을 읊은 것이니
처음에 한 게송 받은 이락케 하는 회향을 읊은 것이다.

---

339 모습을 따르는 회향은 영인본 화엄 7책, p.488, 4행이다.

經

普爲一切衆生故로　不思議劫處地獄이나
如是曾無厭退心하고　勇猛決定常迴向하나이다

不求色聲香與味하며　亦不希求諸妙觸하고
但爲救度諸群生하야　常求無上最勝智하나이다

智慧淸淨如虛空하야　修習無邊大士行하나니
如佛所行諸行法을　彼人如是常修學하나이다

大士遊行諸世界하야　悉能安隱諸群生하며
普使一切皆歡喜하야　修菩薩行無厭足하나이다

除滅一切諸心毒하고　思惟修習最上智나
不爲自己求安樂하고　但願衆生得離苦하나이다

此人迴向得究竟하고　心常淸淨離衆毒일새
三世如來所付囑으로　住於無上大法城하나이다

널리 일체중생을 위한 까닭으로
사의할 수 없는 세월에 지옥에 거처하지만
이와 같이 일찍이 싫어하거나 물러나는 마음이 없고
용맹스레 결정코 항상 회향합니다.

색상과 소리와 향기와 더불어 맛을 구하지 않으며
또한 모든 묘한 촉감을 희망하지도 구하지도 않고
다만 모든 중생을 구호하여 제도하기 위하여
항상 더 이상 없는 가장 수승한 지혜를 구합니다.

지혜가 청정한 것이 허공과 같아서
끝없는 대사의 행을 닦아 익히나니
부처님이 행하신 바와 같은 모든 행을
저 사람이 이와 같이 항상 닦아 배웁니다.

대사가 모든 세계에 유행하여
다 능히 모든 중생을 안은하게 하며
널리 일체중생으로 하여금 다 환희케 하여
보살행을 닦게 하시지만 싫어하거나 만족함이 없습니다.

일체 모든 독한 마음을 제멸하고
최상의 지혜를 사유하고 닦아 익히지만
자기를 위하여 안락을 구하지 않고
다만 중생이 고통에서 떠나기를 얻기만 서원합니다.

이 사람이 회향을 구경까지 얻고
마음이 항상 청정하여 수많은 독을 떠났기에
삼세에 여래의 부촉한 바로

더 이상 없는 큰 법성에 머뭅니다.

疏

後六은 頌代苦迴向이니 餘略不頌하니라

뒤에 여섯 게송은 고통을 대신하여 회향하는 것[340]을 읊은 것이니,
나머지는 생략하고 읊지 아니하였다.

鈔

餘略不頌은 卽不頌受惱와 迥拔의 二護救也라

나머지는 생략하고 읊지 아니하였다고 한 것은 곧 고뇌를 받아[341]
구호하는 것과 멀리 빼내어[342] 구호하는 두 가지 구호를 읊지 아니하
였다는 것이다.

---

340 고통을 대신하여 운운은 영인본 화엄 7책, p.508, 4행이니 보살이 회향하는
    것이다..
341 원문에 수뇌受惱는 영인본 화엄 7책, p.492, 4행이다.
342 원문에 형발迥拔은 영인본 화엄 7책, p.522, 2행이다.

經

未曾染著於諸色하고　　受想行識亦如是하야
其心永出於三有하야　　所有功德盡迴向하니다

佛所知見諸衆生을　　盡皆攝取無有餘하야
誓願皆令得解脫케코자　爲彼修行大歡喜하니다

其心念念恒安住하고　　智慧廣大無與等하며
離癡正念常寂然하고　　一切諸業皆清淨하니다

彼諸菩薩處於世나　　不著內外一切法호미
如風無礙行於空하나니　大士用心亦復然하니다

所有身業皆清淨하고　　一切語言無過失하며
心常歸向於如來하야　　能令諸佛悉歡喜케하니다

일찍이 모든 색상에 물들거나 집착하지 않고
수상행식에도 또한 이와 같이 하여
그 마음이 영원히 삼유를 벗어나
소유한 공덕을 다 회향합니다.

부처님이 아시고 보신 바 모든 중생을
다 남김없이 섭취하여

서원코 다 하여금 해탈을 얻게 하려고
저를 위하여 수행하고 크게 환희합니다.

그 마음이 생각생각에 항상 편안히 머물고
지혜가 광대하여 더불어 같을 이가 없으며
어리석음을 떠난 바른 생각이 항상 고요하고
일체 모든 업이 다 청정합니다.

저 모든 보살이 세간에 거처하지만
안과 밖의 일체법에 집착하지 않는 것이
마치 바람이 걸림이 없이 허공에 노니는 것과 같나니
대사가 마음을 쓰는 것도 또한 다시 그러합니다.

소유한 신업이 다 청정하고
일체 언어가 허물이 없으며
마음이 항상 여래에게 귀향하여
능히 모든 부처님으로 하여금 다 환희케 합니다.

疏

未曾下에 十二偈는 頌前離相이라 於中二니 前五는 頌正明離相
이라

일찍이 모든 색상에 물들거나 집착하지 않는다고 한 아래에 열두 게송은 앞에 모습을 떠난[343] 회향을 읊은 것이다.

그 가운데 두 가지가 있나니

앞에 다섯 게송은 모습을 떠난 회향을 바로 밝힌 것을 읊은 것이다.

---

[343] 원문에 전리상前離相은 영인본 화엄 7책, p.524, 5행이다.

經

十方無量諸國土에　所有佛處皆往詣하야
於中覲見大悲尊하고　靡不恭敬而瞻奉하니다

心常淸淨離諸失하야　普入世間無所畏하며
已住如來無上道하야　復爲三有大法池하니다

精勤觀察一切法하고　隨順思惟有非有하나니
如是趣於眞實理하야　得入甚深無諍處하니다

以此修成堅固道하니　一切衆生莫能壞하며
善能了達諸法性하야　普於三世無所著하니다

如是迴向到彼岸하야　普使群生離衆垢하며
永離一切諸所依하야　得入究竟無依處하니다

一切衆生語言道가　隨其種類各差別거늘
菩薩悉能分別說이나　而心無著無所礙하니다

菩薩如是修迴向에　功德方便不可說이니
能令十方世界中에　一切諸佛皆稱歎하니다

시방의 한량없는 모든 국토에
있는 바 부처님의 처소에 다 나아가

그 가운데 대비세존을 보고
공경하여 우러러 받들지 아니함이 없습니다.

마음이 항상 청정하여 모든 허물을 떠나
널리 세간에 들어가지만 두려워하는 바가 없으며
이미 여래의 더 이상 없는 도에 머물러
다시 삼계에 큰 진리의 연못이 되었습니다.

일체법을 정성 다해 부지런히 관찰하고
있고 있지 아니함을 수순하고 사유하나니
이와 같이 진실한 이치에 나아가
깊고도 깊어 다툼이 없는 곳에 들어감을 얻습니다.

이것으로써 견고한 도를 닦아 이루니
일체중생이 능히 무너뜨릴 수 없으며
잘 능히 모든 법성을 요달하여
널리 삼세에 집착하는 바가 없습니다.

이와 같이 회향하여 저 언덕에 이르러
널리 중생으로 하여금 수많은 번뇌를 떠나게 하며
영원히 일체 모든 의지하는 바를 떠나
구경에 의지함이 없는 곳에 들어감을 얻게 합니다.

일체중생의 언어의 길이
그 종류를 따라 각각 차별하거늘
보살이 다 능히 분별하여 설하지만
마음에 집착하는 바도 없고 걸리는 바도 없습니다.

보살이 이와 같이 회향을 닦음에
공덕과 방편을 가히 말할 수 없나니
능히 시방의 세계 가운데
일체 모든 부처님으로 하여금 다 칭양하고 찬탄케 합니다.

疏

後에 十方下七偈는 頌前成益이니 文並可知라

뒤에 시방의 한량없는 모든 국토라고 한 아래에 일곱 게송은 앞에
이익을 이루는 것을 읊은 것이니,
경문은 모두 가히 알 수가 있을 것이다.

청량 징관(清凉 澄觀, 738~839)

중국 화엄종의 제4조.

절강성浙江省 월주越州 산음山陰 사람으로, 속성은 하후夏侯, 자는 대휴大休, 탑호는 묘각妙覺이다.

11세에 출가하여 계율, 삼론, 화엄, 천태, 선 등을 비롯, 내외전을 두루 수학하였다. 40세(777년) 이후 오대산 대화엄사에 머물면서 『화엄경』을 여러 차례 강설하였으며, 이를 토대로 『대방광불화엄경소』 60권, 『대방광불화엄경수소연의초』 90권을 저술하고 강의하였다. 796년에는 반야삼장의 『40권 화엄경』 번역에 참여하였고, 덕종에게 내전에서 화엄의 종지를 펼쳤다. 덕종에게 청량국사淸凉國師, 헌종에게 승통청량국사僧統淸凉國師라는 호를 받는 등 일곱 황제의 국사를 지냈다.

저서로 『화엄경주소華嚴經註疏』, 『화엄경수소연의초華嚴經隨疏演義鈔』, 『화엄경강요華嚴經綱要』, 『화엄경략의華嚴經略義』, 『법계현경法界玄鏡』, 『삼성원융관문三聖圓融觀門』 등 400여 권이 있다.

관허 수진貫虛 守眞

1971년 문성 스님을 은사로 출가, 1974년 수계, 해인사 강원과 금산사 화엄학림을 졸업하고, 운성, 운기 등 당대 강백 열 분에게 10년간 참문수학하였다.

1984년부터 수선안거 10년을 성만하고, 1993년부터 7년간 해인사 강원 강주로 학인들을 지도하였다.

대한불교조계종 교육위원, 역경위원, 교재편찬위원, 중앙종회의원, 범어사 율학승가대학원장 및 율주를 역임하였다.

현재 부산 승학산 해인정사에 주석하면서, 대한불교조계종 고시위원장, 단일계단 계단위원·존증아사리, 동명대학교 석좌교수, 동명대학교 세계선센터 선원장 등의 소임을 맡고 있다.

청량국사화엄경소초 46 - 십회향품 ①

초판 1쇄 인쇄 2024년 7월 30일 | 초판 1쇄 발행 2024년 8월 9일
청량 징관 찬술 | 관허 수진 **현토역주** | 펴낸이 김시열
펴낸곳 도서출판 운주사

(02832) 서울시 성북구 동소문로 67-1 성심빌딩 3층

전화 (02) 926-8361 | 팩스 0505-115-8361

ISBN 978-89-5746-835-7 94220
ISBN 978-89-5746-592-9 (총서) 값 23,000원
http://cafe.daum.net/unjubooks〈다음카페: 도서출판 운주사〉